PAUL GAECHTER

DIE GEDÄCHTNISKULTUR IN IRLAND

BUDAPEST 2003

Gemeinschaftsausgabe mit
INNSBRUCKER BEITRÄGE ZUR KULTURWISSENSCHAFT

2. Auflage bearbeitet von Wolfgang Meid

Die 1. Auflage erschien 1970 als Band 2. der
INNSBRUCKER BEITRÄGE ZUR SPRACHWISSENSCHAFT

Umschlagbild

Mittelalterliche Harfe
Trinity College, Dublin

ISBN 963 8046 45 7
HU-ISSN 1216-6847

2003

ARCHAEOLINGUA ALAPÍTVÁNY
H-1250 Budapest, Úri u. 49

Desktop editing and lay-out by András Kardos
Printed by Amulett '98 KFT Budapest

ARCHAEOLINGUA

Edited by

ERZSÉBET JEREM and WOLFGANG MEID

Series Minor

17

Inhalt

Vorwort zur 1. Auflage

Diese Studie wurde letzten Endes unternommen, um etwas Licht für die christliche Urtradition zu gewinnen, die ihren Anfang im geistigen Raum der Gedächtniskultur nahm. Die Gedächtniskultur, ihr Sitz im Leben und ihre Struktur sind weithin unbekannt. In Irland erfuhr ich nun, daß es noch unverfälschte mündliche Überlieferung gebe, wie sie für die Gedächtniskultur typisch ist, daß sie allerdings fast ganz auf den Gaelisch redenden Volksteil beschränkt sei und sozusagen in den letzten Zügen liege. Leider bin ich des Gaelischen unkundig, so daß mir Informationen von erster Hand versagt blieben. Ich glaubte aber, aus englisch geschriebener Literatur folkloristischen Inhalts nützliche Erkenntnisse gewinnen zu können. So entstand der zweite Teil der vorliegenden Studie, über „die mündliche Tradition in neuerer Zeit".

Dabei tauchte die Frage auf, wie es sich mit der Gedächtniskultur in früherer Zeit verhalten habe. Auch hier mußte ich mich auf Übersetzungen irischer Quellen beschränken, meine aber, die Entwicklungslinie der Gedächtniskultur in der Hauptsache dargestellt zu haben. Die Arbeit führte nicht nur in unbebautes Gebiet, sondern wurde mir auch dadurch zur Freude, daß mir von berufener Seite in reichstem Maß Rat und Hilfe zuteil ward.

Trotz all dem dürfte die fertige Arbeit aussehen wie ein Bettlerkleid, das mehr Löcher als Flicken hat. Das ist immerhin besser als nichts, bis ein begabterer Mann ein ganzes Kleid hervorbringt. P. John Ryan S. J., ehemals Professor für irische Geschichte an dem University College in Dublin, bemerkte zum Manuskript: „I have never seen such an approach to Irish history", und riet zur Veröffentlichung. Ihm, P. Aubrey Gwynn S. J., Prof. D. A. Binchy, und für den zweiten Teil der Studie Prof. James Delargy und Mr. Sean O'Sullivan, Archivar am Irish Folklore Institute, sei für ihre Ratschläge und Hilfe herzlich gedankt. Mein Dank gilt nicht zuletzt auch dem Department of External Affairs, Dublin, dem Bundesministerium für Unterricht, Wien, und dem Universitätsbund Innsbruck, die durch Gewährung von Druckzuschüssen das Erscheinen dieser Studie ermöglichen halfen.

Innsbruck 1970
Paul Gaechter

Vorwort zur 2. Auflage

Dieses Buch, das Werk nicht eines Keltologen, sondern eines neutestamentlichen Theologen, erschien zuerst 1970. Die hintergründige, im Vorwort nur kurz angesprochene Motivation des inzwischen verstorbenen Verfassers war, mittels Untersuchung der traditionell verankerten irischen „Gedächtniskultur“ Argumente zu finden für seine Annahme einer längeren mündlichen Überlieferung über das Leben und Wirken Jesu vor deren schriftlicher Fixierung. Diesbezügliche Schlußfolgerungen sind in diesem Werk nicht gezogen, aber die aus dem Vergleich der irischen Gedächtniskultur möglichen Schlüsse dürften für die neutestamentliche Tradition ambivalent sein: Neben der sehr häufigen wortgetreuen Bewahrung und Reproduktion von Überlieferungsinhalten, z.T. über Generationen hinweg, findet sich die sukzessive Anreicherung, Ausschmückung und Umformung von beliebten Erzählstoffen durch eine sich verzweigende Abfolge von Erzählern, so daß neben getreuer Bewahrung auch mit bewußter oder unbewußter Umgestaltung des Überlieferten zu rechnen ist.

Der Verfasser ist – durch seinen christlichen Hintergrund – sensibel für die gegenseitige Durchdringung der älteren, ursprünglich „druidischen“, durch den *fili* repräsentierten Gedächtniskultur mit der jüngeren, durch die Christianisierung seit dem 5. Jahrhundert importierten lateinischen Schriftkultur, deren Pflegestätte die Klöster waren; denn das alte Wissen verlagerte sich wenigstens z.T. dorthin und wurde von dort schriftlich weiter tradiert. Besonnenen Forschern war der Umstand, daß zwischen den weiterbestehenden Säulen Schriftkultur und Gedächtniskultur Interkommunikation bestand, immer bewußt. Doch ist in den Jahren nach Erscheinen dieses Buches eine zuerst von *James Carney* 1955 in seinen „Studies in Irish Literature and History“ initiierte Reaktion auf den von Forschern wie *Myles Dillon, Gerard Murphy, D.A. Binchy, Kenneth Jackson, Proinseas Mac Cana* vertretenen, an ursprünglich mündlicher Überlieferung orientierten Charakter der älteren irischen Kultur virulent geworden, die in dem 1990 erschienenen Buch von *Kim McCone*, „Pagan Past and Christian Present in Early Irish Literature“, einen Höhepunkt gefunden hat. In dieser Frontalattacke gegen den „Nativismus“ der älteren Forschergeneration werden praktisch alle schriftlichen Äußerungen der einheimischen Kultur als in christlichem Geist geformte, von biblischen und sonstigen christlichen Motiven beeinflußte und durchtränkte, und was die Sagen mit paganem Hintergrund betrifft, christlich interpretierte allegorische literarische Schöpfungen der Klosterkultur betrachtet, für welche die tradierten alten Überlieferungen nur Stoff, nicht bewahrenswerter Inhalt waren. In ihrer extremen Kritik des „Nativismus" und in dem Bestreben, alles schriftlich Tradierte als Ausfluß klösterlicher Schriftkultur und bewußter literarischer Formung zu betrachten, sind die Thesen dieses Buches in hohem Maße tendentiell, und im Ganzen daher wenig glaubwürdig.

Ich habe in dieser Neuausgabe den Text des Verfassers leicht bearbeitet, einiges im Text und in den Anmerkungen erklärend hinzugefügt. Da eine tiefergreifende Bearbeitung sich aus persönlichen wie auch aus technischen Gründen verbot, habe ich vor allem aber das Literaturverzeichnis erweitert und hier an neuerer Literatur eingearbeitet, was einen Vergleich mit gegenwärtigen Positionen ermöglicht.

Innsbruck, November 2002
Wolfgang Meid

Einleitung

„Gedächtniskultur", wie sie hier verstanden wird, ist nicht etwa die Kunst, durch Training ein schwaches Gedächtnis zu stärken, sondern steht im Gegensatz zur Schriftkultur. In Wirklichkeit schließen sich die beiden Begriffe nicht schlechthin aus. Bezeichnend für die Schriftkultur ist, daß man durch Sehen (Lesen) lernt, daß man weiß, wo das Gelernte in zuverlässiger Form zu finden ist, und daß man es auf dem Weg des Geschriebenen oder Gedruckten weitergibt. Im Gegensatz hiezu ist für die Gedächtniskultur artbestimmend, daß man durch das Ohr lernt (mündliche Überlieferung), daß man das Gelernte im Gedächtnis behält und es durch das gesprochene Wort weitergibt.

Auch in der Schriftkultur spielt das Gedächtnis eine Rolle, aber wie wir alle wissen, liegt für uns die letzte Zuverlässigkeit im geschriebenen Wort. Auch der Grund hiefür ist allgemein bekannt: das Lernen durch Lesen läßt das Gedächtnis verkümmern. Das ist eine alte Erfahrung. Platon verbreitet sich im *Phaidros* über diesen Gegenstand, wo er seine Meinung ausspricht mit den Worten, die der ägyptische König Thamus zum Gott Theut, dem Erfinder der Schrift, sagt: „Diese Kunst (des Lesens und Schreibens) wird wegen der Vernachlässigung des Gedächtnisses Vergeßlichkeit in den Geistern jener hervorbringen, die sie erlernen. Denn im Vertrauen auf das Geschriebene wird man sich von außen her durch fremde Zeichen (die Schrift) erinnern lassen und nicht mehr selbständig und von innen her"[1]. Eigene und fremde Erfahrung geben Platon nur zu sehr recht. Wir sind allem gegenüber mißtrauisch geworden, was „nur" auf Erinnerung und „bloß" mündlichem Bericht beruht, und beruhigen uns erst, wenn wir etwas schwarz auf weiß vor uns haben. Gewiß gibt es auch im Bereich der Schriftkultur mitunter ausgezeichnete Gedächtnisse, aber sie sind leider nicht die Regel. Überdies verleitet uns die Schriftkultur dazu, der Gedächtniskultur berechtigte Ansprüche abzuerkennen, indem wir den Kindern dieser Kultur unbewußt und ungewollt die gleiche Gedächtnisschwäche zuschreiben, welche mit der Schriftkultur verbunden ist.

„Kultur" bezeichnet in diesem Zusammenhang einen gewissen Gegensatz zu Zivilisation. Unter dieser begreifen wir die äußere Form des Lebens, von der Krawatte bis zum Bulldozer und Elektronenhirn, unter Kultur dagegen die Summe geistiger Werte, welche geeignet sind, das Leben von innen her zu

---

[1] *Platon*, Phaidros 274d–275b.

formen. Wo die Kultur vollwertig ist, umschließt sie eine Mannigfalt solcher Werte, wie Sprach- und Stilkunst, Geschichte, Mythen, Heldensagen, Recht, Poesie und manches andere.

Um ein möglichst vollkommenes Bild von der Gedächtniskultur und ihren Variationen zu erhalten, müßte man viele Völker berücksichtigen, primitive und zivilisierte. Um ein Beispiel von primitiven zu geben: Arthur Grimble beschreibt in einem Buch, das in einer halben Million von Exemplaren verbreitet ist, was er als englischer Kolonialbeamter auf den weltverlorenen Gilbert- und Ellisinseln erlebt hat. Er war immer aufs neue über die Gedächtnisstärke des Lesens und Schreibens unkundiger Dorfhäupter überrascht, welche die sie betreffenden Gesetze und Verordnungen wortgetreu auswendig wußten. Wenn ihnen irgend ein Schreiben oder Dokument in der Gilbertsprache zweimal vorgelesen wurde, genügte das, um ihnen den vollen Wortlaut für immer im Gedächtnis einzuprägen. Ihn selbst kostete es drei Monate Anstrengung, um auswendig zu lernen, was alle Männer jenes Clans auswendig wußten, in den er adoptiert werden sollte. Den Inhalt bildete die Ahnenreihe jenes Mannes, der ihn als Adoptivsohn annehmen wollte, d. h. eine Reihe von Geschlechterfolgen, die etwa fünf Jahrhunderte umspannte, einschließlich der einfallenden Heiraten, der Seitenlinien bis zum dritten Grad der Vetternschaft, und der Wanderungen, welche zu verschiedenen Zeiten von verschiedenen Clanmitgliedern ausgeführt worden waren. Eine bekannte Geschichtenerzählerin rezitierte vor ihm den Mythos von der Vertreibung der Menschen aus dem Glücklichen Land Matang. Als er siebzehn Jahre später die gleiche Geschichte von ihr vernahm, zeigte es sich, daß sie Wort für Wort mit seiner früheren Niederschrift übereinstimmte. Als er sich darob erstaunt zeigte, sagte sie: „Herr, wie könnte es anders sein? Jede Geschichte hat ihren eigenen Leib von den früheren Geschlechtern her. Das sind die Worte der Väter unserer Urgroßväter, und so übermitteln wir sie unsern Kindeskindern. Wie dürfte ich die Worte ändern, die mir mein Großvater als Inhalt meines Mundes gegeben hat?“[2]. Derlei Beobachtungen dürften sich bei vielen „wilden“ Völkern sammeln lassen. Die Kultur beginnt nicht mit dem Schreibenkönnen.

Die Schriftkultur setzt wohl immer eine Gedächtniskultur voraus. In ihrer Anfangsperiode nahm ein Volk nie als Ganzes an der Schriftkultur unmittelbar

---

[2] *Arthur Grimble*, A Pattern of Islands (1. Ausgabe London 1953, 12. Nachdruck 1960), S. 87, 152f., 41.

teil; es war stets nur eine Elite, die des Schreibens und Lesens kundig war, so bei den alten Juden die *soferim*, d. h. die des (Lesens und) Schreibens Kundigen. Gleiches wird zu sagen sein vom Bereich der Keilschriften, der Hieroglyphen, des alten chinesischen Zeichens, der Mayaschrift. Daraus ergibt sich das interessante Problem der Koexistenz der Gedächtniskultur und der Schriftkultur, das uns mehrfach beschäftigen wird.

Die vorliegende Studie beschränkt sich auf Irland einschließlich des schottischen Hochlands und der Schottland nördlich vorgelagerten Hebriden. In diesem Bereich wurde vor 4–5 Jahrhunderten noch die gleiche Art Gälisch gesprochen und pflanzte sich die alte Gedächtniskultur bis in unsere Zeit hinein fort. Es geht hier nicht um die folkloristische Untersuchung der überlieferten Motive, sondern um das Wie, sozusagen um die Technik des Überlieferns. Im Mittelpunkt stehen die Kraft des Gedächtnisses und seine Funktionen im sozialen Leben der Gedächtniskultur.

Gelegentlich werden Parallelen herangezogen, welche orientalischen Kulturen entnommen sind. Sie sollen dazu dienen, Beobachtungen, die sich an irischen Verhältnissen machen lassen, aus ihrer scheinbaren Isoliertheit herauszuführen und als Anstoß zu wirken, daß das hier behandelte Thema einmal in seiner Weltweite behandelt werde.

Karte von Irland mit den Grafschaften

I. Die Doppelkultur der alten Zeit

1. Vorchristliche Gedächtniskultur in Irland

C. Julius Caesar beschreibt im *Bellum Gallicum* (VI 13) die Machtstellung der Druiden im keltischen Gallien und fügt hinzu: „Von solchen Vorteilen fühlen sich manche angetrieben, bei ihnen in die Lehre zu gehen... Wie man sagt, müssen sie dort eine große Zahl von Versen auswendig lernen, weshalb manche an die zwanzig Jahre in dieser Lehre zubringen. Auch halten sie (die Druiden) es für unstatthaft, diese aufzuschreiben, obschon sie sich sonst so ziemlich in allen Dingen, in Staats- wie in Privatgeschäften, der griechischen Schrift bedienen. Dabei verfolgen sie, wie ich vermute, zweierlei Absicht: einmal wollen sie nicht, daß ihre Lehre unter das Volk kommt, und dann, daß ihre Schüler nicht im Vertrauen auf die Schrift ihr Gedächtnis weniger in Anspruch nehmen. Denn bei den meisten Leuten tritt der Fall ein, daß sie sich auf die schriftlichen Aufzeichnungen stützen, und daß so ihr Eifer im Auswendiglernen und ihre Gedächtniskraft schwindet."

Wenngleich die Kenntnis der griechischen Schrift, ausgegangen von der griechischen Kolonie Massalia (Marseille), vorausgesetzt werden darf und durch gallische Inschriften in griechischer Schrift aus der Provence bestätigt wird, verdient Caesar doch Zustimmung in dem, was er über die Machtstellung der Druiden, über ihre Gedächtniskultur und die Schulung ihres Nachwuchses sagt. Bald nach Caesar berichtete der Geograph *Strabon*, basierend auf dem Geschichtswerk des Poseidonios (135–51 v. Chr.), dem als erstem umfassende Kenntnisse über die keltische Welt verdankt wurden, daß die Druiden ihre Kultur mit den Barden (βάρδοι) und Sehern (οὐάτεις) teilten „Die Barden" – schreibt Strabon – „sind Preissänger und Dichter, die Vaten Vollzieher heiliger Handlungen und Deuter des Wesens der Dinge, die Druiden widmen sich, zusätzlich zur Naturwissenschaft, auch der ethischen Philosophie. Sie gelten als die Gerechtesten der Menschen, und daher vertraut man ihnen die Entscheidung sowohl in privaten als auch öffentlichen Auseinandersetzungen an."[3].

---

[3] *Strabon*, Geogr. IV, 4,4. Zu Poseidonios vgl. *J. J. Tierney*, The Celtic Ethnography of Posidonius (Dublin 1960), und zu den irischen Reflexen ferner *W. Meid*, Dichtkunst, Rechtspflege und Medizin im alten Irland, sowie: Bemerkungen zur keltischen Ethnographie des Poseidonios aus der Sicht der inselkeltischen Überlieferung (für vollständige Angaben siehe das Literaturverzeichnis).

Diese Verhältnisse galten zum Teil, wie sich aus irischen Quellen ergibt, auch von den irischen Kelten. Als *Patricius*, der heilige *Patrick*, in der nördlichen Hälfte Irlands den christlichen Glauben verkündete – 432–461 oder wahrscheinlicher 453–469 –, traten ihm die Druiden als Vertreter der heidnischen Religion begreiflicherweise feindselig gegenüber. Aber ihre Gegnerschaft war ohne rechte Kraft. Patrick spricht von „Sklaverei und zwölf Gefahren, die meinem Leben drohten", von mehrtägiger Haft in Ketten und dem Wunsch seiner Feinde, ihn zu töten; jeden Tag mußte er gewärtigen, ermordet zu werden[4]. Trotz alledem hatte er unglaubliche Erfolge unter dem Volk, und die früheste irische Kirche kennt keinen Märtyrer. Der Einfluß der Druiden scheint also schon damals stark im Schwinden gewesen zu sein. Noch etwa ein Jahrhundert lang wurden die Druiden von den Christen gleichzeitig gefürchtet und verachtet; dann aber verschwinden sie aus der irischen Geschichte, um nur in den alten Sagen noch gleichsam als ein Archaismus zu überleben.

Aber mit ihnen verschwand nicht auch ihre Gedächtniskultur. Als Träger dieser Kultur treten in der christlichen Frühzeit Irlands besonders die als „Seher" benannten Männer hervor, deren altirische Bezeichnung *filid* (Plural von *fili*) ist, die von einer in diesem Sinne nicht mehr erhaltenen Wurzel **wel-* „sehen" abgeleitet ist – dies allein ein Umstand, welcher ein hohes Alter der Wortschöpfung verbürgt. Die *filid* scheinen einstmals aus dem Kreis der Druiden hervorgegangen zu sein und spielten noch Jahrhunderte hindurch gelegentlich die Rolle von Sehern und Magiern; ihre ursprünglich als magisch betrachteten Satiren blieben allzeit gefürchtet. Doch berührt uns hier diese Seite ihres Wesens nicht. Sie wurden mit der Zeit die eigentlichen Träger der altirischen Gedächtniskultur. Sie kannten die alten Überlieferungen, waren die Geschichtskundigen und wirkten als öffentliche und private Rezitatoren. Zu den Klängen der Harfe unterhielten sie beziehungsweise die ihnen als ausübende Vortragende unterstellten Barden an den langen Winterabenden Fürsten, Häuptlinge und Adelige teils mit Stoff, den sie den Überlieferungen entnahmen, teils mit selbstverfaßten Gedichten, in denen sie Zeitgeschehnisse besangen. Wurde ein neuer Herrscher gewählt, so war es ihre Aufgabe, seine Genealogie öffentlich vorzutragen. Dank ihres geschulten Vortrags waren sie für diese Kreise „Theater und Zeitungen und Bücher"[5]. Sie pflegten

---

[4] Confessio (ed. *Ludwig Bieler*, Ancient Christian Writers 17) § 35, 52, 55.

[5] *D'Arbois de Jubainville*, Introduction S. 321, überhaupt S. 317–366; *W. Meid*, Dichter und Dichtkunst.

und beherrschten das Gebiet der Sprache, des Stils und der Reimkunst, da sie solches für ihren Vortrag brauchten. Vor allem aber waren sie in der Geschichte bewandert, Geschichte im weitesten Sinn genommen, was man damals überhaupt unter Geschichte begriff. Die *filid* kannten die Mythen und Heldensagen, halbgeschichtliche und geschichtliche Überlieferungen, Genealogien, Geographie und Topographie, und Altertumskunde überhaupt.

Wie ersichtlich, umspannte ihr Wirken ein weites Feld. In irischen Quellen wird auf sie oft als Dichter verwiesen, auch in irisch geschriebenen Werken mit der Formel „ut dixit poeta", bald werden sie als Geschichtskenner (*senchaid*) bezeichnet. Sonst sind sie einfach die *filid*, wofür auch die altirischen Mönche keinen entsprechenden lateinischen Ausdruck fanden. So empfiehlt es sich, die irische Bezeichnung beizubehalten.

Ursprünglich oblag den *filid* auch das Tradieren von Rechtsmaterie, und auch insofern sind sie die Nachfolger der Druiden. Aber nach einer alten Überlieferung hätte ihnen schon König Cormac mac Airt (227–266) das Rechtsgebiet verschlossen und einer besonders qualifizierten Gruppe aus ihnen, den *brehon* (angliziert, aus altirisch *brithemain*, Plur. von *brithem* „Richter"), reserviert[6]. So versteht man jedenfalls besser eine Stelle im „Buch des Rechts" (*Lebor na Cert*). Dieses Werk enthält unzweifelhaft Teile, welche aus dem Ende des ersten Jahrtausends stammen, aber auch älteren Stoff. So z. B. ein Gedicht, welches einem *fili* namens Dubthach zugeschrieben wird, der ein Schüler von Patrick gewesen sein soll. Dieses Gedicht setzt Verhältnisse voraus, welche vor der Periode der Wikingereinfälle geherrscht haben dürften, also vor dem 9. Jahrhundert. Damals pflegten die *filid* mit zahlreichem Gefolge bei Fürsten und Adeligen vorzusprechen, bei ihnen Tage und Tage zu bleiben und auf ihre Kosten zu leben. Die *filid* erwarteten sogar, daß ihnen der Gastgeber zum Geschenk mache, was immer sie in seinem Haus besonders ansprach. Der Gastgeber konnte zwar die freche Gesellschaft hinauswerfen, aber dann riskierte er, von ihnen öffentlich in Satiren verhöhnt und gebrandmarkt zu werden. So überlegte er es sich zweimal, denn es galt damals als eine große Schande, als ungastlich verschrien zu werden.

Diesen Brauch der *filid* hat das Buch des Rechts im Auge, wenn es sagt: „Keine Provinz in Irland schuldet einem *fili* Gastfreundschaft, der sich nicht

---

[6] ALI = Ancient Laws of Ireland, I, 19. Vgl. *O'Curry*, S. 45f.

auskennt in den Steuern und Abgaben dieser Provinz. Wie Dubthach mac hui Lugair sagt“ (es folgt ein Gedicht mit folgendem Passus):

> „Dann ist er ein Fels von einem *ollam*[7],
> gleich einem unverrückbaren Felsblock,
> wenn er sich auskennt in den Abgaben
> und den Steuern, ohne jeden Zweifel,
> so daß er sie aufzählen kann
> in jeder hohen Versammlung“[8].

Das setzt voraus, daß die *filid* alter Zeit auch in der Rechtsmaterie bewandert waren, sie öffentlich vortrugen, und zwar in Versen; deshalb besteht auch das Buch des Rechts vorzüglich aus Gedichten.

Daß die *brehon* ein Flügel der *filid* waren, bezeugt die Tatsache, daß sie ebenso wie die *filid*, wenn sie den höchsten Grad der Gelehrsamkeit besaßen, *ollam* genannt wurden. Wie diese mußten sie auch in der Geschichte bewandert sein. Denn die *brehon* waren nicht Richter, sondern nur Rechtsberater für hoch und niedrig. Darum stellt *Duald Mac Firbis*, von dem noch die Rede sein wird, den Satz auf: „Wer nicht Geschichtskenner ist, ist kein Rechtskundiger“[9].

Das einzige Mittel, um die umfangreichen Traditionen mitsamt dem sich stetig weiternden Wissensstoff aufzubewahren, war in der vorchristlichen Zeit das Gedächtnis. Zwar gab es eine Schrift, *ogam* genannt, eine Kerbschrift, welche aus einem System von Strichen und Punkten besteht, die von beiden Seiten her auf einer Linie aufliegen. Sie wurde für magische Zwecke verwendet und erscheint vorwiegend in Grabinschriften der ersten nachchristlichen Jahrhunderte. Zur Aufzeichnung längerer Texte war diese Schrift aber ungeeignet. „Wollte man damit eine moderne Novelle niederschreiben, so brauchte man eine Linie mehr als eine Meile lang“[10]. So blieb nur das Gedächtnis übrig.

Es liegt in der Natur der Sache und wird von Caesar von den gallischen Druiden ausdrücklich bezeugt, daß eine Gedächtnisleistung wie die von den irischen *filid* geforderte auf die Dauer nur möglich war, indem Schüler in der Gedächtniskunst

---

[7] *Ollam* (altir. *ollam* „der höchste“) ist der höchste Rang eines *fili*, s. unten.

[8] Leabhar na-g-Ceart, or The Book of Rights, hg. v. *John O'Donovan*, S. 234–237, und Lebor na Cert, hg. v. *Myles Dillon*, S. 120–123.

[9] Einleitung zum Buch der Genealogien § 18, in: Genealogical Tracts, I, S. 10.

[10] *Tomás O'Fiaich*, in: The Course of Irish History, S. 61.

trainiert wurden. Direkte Bezeugungen hiefür gibt es erst aus dem 16. und 17. Jahrhundert. Doch beweisen unten anzuführende Überlieferungen, daß die *filid* zu allen Jahrhunderten ihre Schüler hatten. Der sagenhafte Druide Cathbad in *Táin Bó Cuailnge* unterrichtete ständig 100 Schüler in druidischer Wissenschaft. (Die Schüler sind dort *fel-maicc* genannt; wobei *fel,* das diese Art von Wissen bezeichnet, von der gleichen Grundlage ist wie *fili.*)

Analoges ist auch von anderswoher bekannt. So bildeten die Rabbinen im alten Judentum einen eigenen Stand, der ein geschultes Gedächtnis voraussetzte. Der Rabbinenschüler wiederholte das von seinem Rabbi Gehörte in der Kadenz seines Lehrers, bis es saß. Auch aus Indien wird Ähnliches berichtet. Die gelehrten Brahmanen besaßen und besitzen heute noch eine Gedächtniskraft, die „durch langjährige Übung ausgebildet und von einer glänzend ausgeklügelten Mnemotechnik wirksam unterstützt wurde", so daß sie uns „die Denkmäler vergangener Epochen in großer Treue bewahrt hat"[11]. Nach *Max Müller* lernt der werdende *guru* die heiligen Bücher der Veden nicht nur in ihrem Wortlaut auswendig, sondern darüber hinaus noch in vier verschiedenen mnemotechnischen Formen, z. B. so, daß sich die Wörter des Textes folgen 1+2; 2+3; 3+2; 3+4 usw. *R. G. Bhandarkar*, ein Brahmane aus Poona, sagte von diesen Schülern: „Die Veden auswendig zu lernen und in einer Weise zu wiederholen, daß man nie auch nur einen einzigen Fehler macht, selbst nicht in den Akzenten, bildet den ganzen Inhalt ihres Lebens"[12]. Sie lebten also jahrelang in einer absoluten Konzentrierung unter Ausschluß jedes andern Interesses.

Die Schulung des *fili* dauerte wie die des *guru* zwölf Jahre. Sie führte durch sechs zu erwerbende Grade bis zu dem eines *ollam* als dem siebenten und höchsten; später waren es zehn Grade. Die Grade wurden nach der Zahl der alten Sagen bemessen, die man auswendig vortragen konnte. So wurden vom niedrigsten sieben Geschichten verlangt, von vierten dagegen dreißig; mit diesem Grad (*fochloc*) war das Recht auf zwei Gefolgsmänner verbunden. Der *ollam* mußte 350 Geschichten rezitieren können und hatte Anspruch auf 24 Gefolgsleute.

Die Zahl 350 ist vielleicht aufgerundet, aber nach *H. Zimmer* „nicht arg übertrieben". Er belegt dies durch zwei alte Nachrichten. In einem Text aus dem 10. Jh. ist uns ein Katalog von 161 Sagen erhalten, die das Repertoire des

---

[11] *H. von Glasenapp*, Die Literaturen Indiens, S. 22.

[12] *Max Müller*, Last Essays I, S. 122–127.

zur Zeit des Hochkönigs Domnall mac Muichertaig (956–979) lebenden *fili* Urard mac Coise bildeten. Nach einem andern gleichzeitigen Text erzählte ein *fili* namens Forgoll dem Ulsterkönig Mongan (gefallen im J. 624) jeden Abend eine Geschichte vom 1. November bis zum 1. Mai[13]. Im ganzen sind heute mehr als 600 Titel alter Sagen bekannt.

Ein nettes Beispiel gedächtnismäßiger Überlieferung bietet uns eine in Handschriften erhaltene alte Liste von zwölf Arten von Sagen. Die Zahl 12 ist dabei aufgelöst in 4 x 3; das Verbindungswort *ocus* („und") gehört ursprünglich nicht dazu, dient aber seinerseits dazu, in der jüngeren Form der Überlieferung den Rhythmus hervorzuheben. Die ältere Form lautet:

Togla, tána, tochmarca,	„Zerstörungen, Viehraub, Werbungen,
Catha, uatha, irgala,	Schlachten, Höhlenereignisse, Zweikämpfe,
Aithe, fesa, forbasa	Morde, Gastmähler, Belagerungen,
Echtra, airgne, aideda	Abenteuer, Tötungen, Entführungen"[14].

Die jüngere Form verwendet die Verbindungspartikel *ocus*, und zwar in folgender Form:

Togla ocus tána ocus tochmarca,
Catha ocus uatha ocus irgala,
Aithe ocus fesa ocus forbasa,
Echtra ocus airgne ocus aideda[15].

In beiden Aufzählungen ist der Rhythmus verschieden, stammt aber beidemal aus der mündlichen Rezitation und war dazu bestimmt, diese Rezitation weiterhin zu unterstützen. Übrigens trägt die Aufzählung ihr hohes Alter deutlich erkennbar an sich.

---

[13] *H. Zimmer*, Die Sprache und Literatur der Kelten, S. 57 f. Eine eingehende neuere Studie zu den Sagenlisten ist die von *P. Mac Cana*, The Learned Tales of Medieval Ireland (Dublin 1980); die vollständigen Listen dort besprochen S. 33-65. Vgl. ferner *H.L.C. Tristram – N. Ní Chonghaile*, Die mittelirischen Sagenlisten zwischen Mündlichkeit und Schriftlichkeit, in: Deutsche, Kelten und Iren. 150 Jahre deutsche Keltologie (Hamburg 1990), S. 249-268.

[14] Die Ausdrücke *airgne* und *aideda* wurden auf Rat von Prof. *Binchy* miteinander vertauscht, wie es altirischer Versrhythmus verlangt. Den Text siehe in ALI I, S. 46 f.

[15] So im sog. „Buch von Leinster" (12. Jh.), zit. bei *O'Curry*, S. 584.

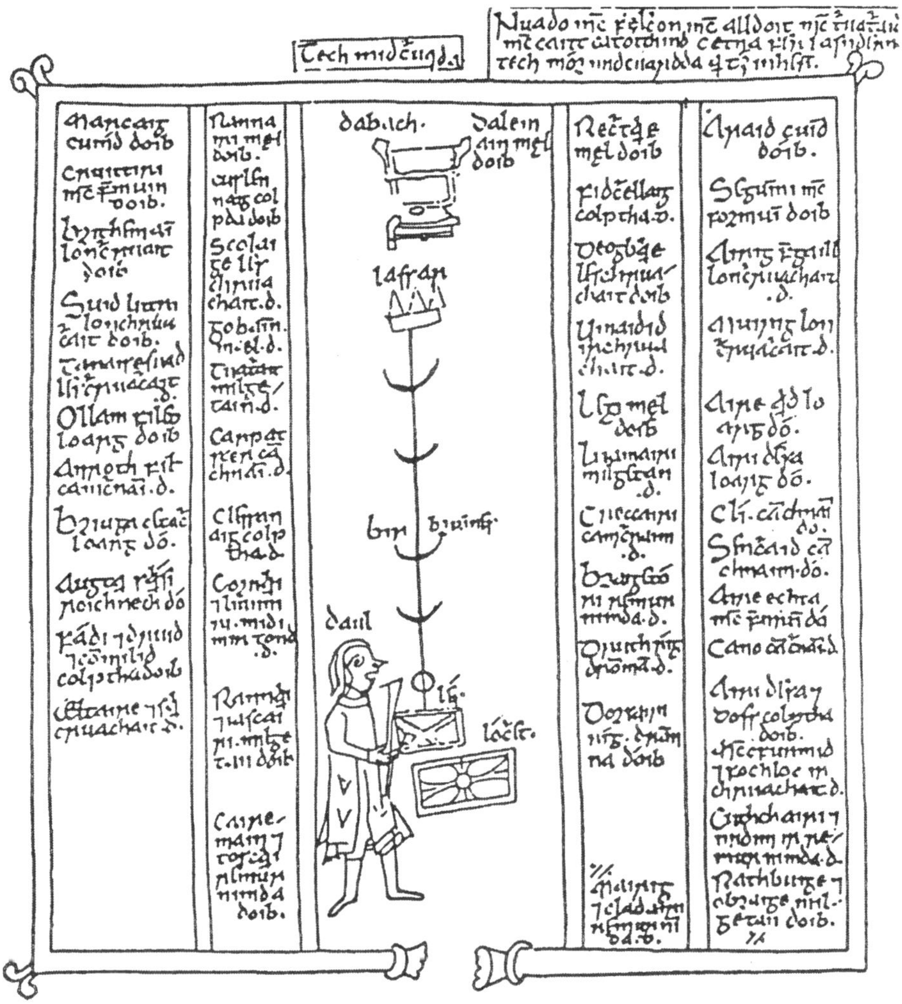

Plan der Banketthalle von Tara aus dem *Buch von Leinster* mit der Sitzordnung der Honoratioren und Angabe der ihnen gebührenden Fleischportion. Der *ollam filed* hat seinen Platz auf der linken Seite oben in der Mitte, die Vaten und Druiden (*fádi ocus druid*) sitzen abseits von ihm nahe dem rechten Rand.

Sehr auffallend ist, daß der Gedächtnisstoff des *ollam* in 250 Primär- und 100 Sekundärsagen aufgeteilt und nicht die Primärsagen, sondern die Sekundärsagen den vier obersten Graden der *filid* vorbehalten waren, dem *cano*, *clí*, *ánruth* und *ollam*. Wir würden gerade das Gegenteil erwarten, daß nämlich die Sekundärsagen für die unteren Grade obligatorisch wären. Die Lösung des Rätsels gibt das Buch von Leinster: „Der ist kein *fili*, der nicht alle

Geschichten synchronisiert und harmonisiert"[16]. *Mac Neill* weist darauf hin, daß die *filid* ohne diese Aufgabe nicht höher gestanden wären als irgend ein geübter *schanachie* (Geschichtenerzähler) unserer Tage. Das Synchronisieren machte den *fili* als Gelehrten kenntlich. Je gelehrter er war, umso eher war er imstande, auch zweitrangige Überlieferungen einem größeren Zusammenhang einzuordnen. Der Anfänger und weniger Fortgeschrittene dagegen verstand das noch nicht und durfte daher die Sekundärsagen nicht vortragen[17].

Das Synchronisieren beschäftigte die *filid* vor allem, insofern sie die Tradenten der Genealogie waren, und zwar müssen sie die Genealogien schon in vorschriftlicher Zeit synchronistisch bearbeitet haben. Denn nur so erklärt es sich, daß, wie so oft, wenn auch nicht immer, die alten Geschlechter auf ein göttliches Wesen als Ausgangspunkt zurückgeführt werden, wie Lug, Cían, Núada u. a. m., und zwar so, daß eine Mehrzahl von Stammbäumen von der gleichen mythischen Persönlichkeit ihren Ausgang hat. Christlichen Gelehrten fiel es später zu, derartige Konstruktionen zu entmythologisieren. Das geschah auf verschiedene Weisen. So machte der Bischof und König von Cashel Cormac mac Cuilennáin in seinem berühmten Glossar (um 900) aus dem Meergott Manannán einen meerekundigen Kaufmann[18].

Wir haben bereits darauf hingewiesen, daß Rechtsmaterie ein wesentlicher Teil der alten mündlichen Überlieferung war. Im vorchristlichen Irland gab es wohl Recht, aber keinen *codex iuris*. In keiner der überlieferten Quellen, seien sie juridischen oder andern Inhalts, wird auf geschriebenes Gesetz angespielt. Solche spielten bei den irischen Königen, *brehon* (Hofjuristen) und *filid* (Hofhistorikern und -dichtern) nie auch nur die geringste Rolle[19]. Es gab nur die sogenannten *Brehon-Laws*, die keine autoritativen Gesetze waren, mochte man sich *de facto* auch oft an die Rechtsfindungen der *brehon*

---

[16] Zit. bei *O'Curry*, S. 593.

[17] *E. MacNeill*, Celtic Ireland, S. 36–39. Diese Interpretation wird von *Mac Cana* bestritten, welcher in seinem (oben Anm. 13 zitierten) Buch S. 123-127 nachweist, daß der Sinn des Satzes ein anderer sein muß, etwa: „Der ist kein *fili,* der nicht *coimgne* (das umfassende überlieferte Wissen) und die Erzählungen alle bewahrt". Es handelt sich also hier nicht so sehr um die Harmonisierung der Erzählstoffe, sondern um die Bewahrung des gesamten traditionellen Wissens, was natürlich die Fähigkeit zur mentalen Organisation dieser riesigen Stoffmassen verlangt. Dazu auch *Tristram – Ní Chonghaile* (s.o. Anm. 13) S. 252-255.

[18] Vgl. *R. Thurneysen*, Sage S. 13; *MacNeill*, S. 50–57.

[19] *J. Kenney*, The Sources for the early History of Ireland, I, S. 6.

halten. Ein Teil dieser Brehon-Gesetze sind in den „Ancient Laws of Ireland" (ALI), beziehungsweise jetzt vollständiger im *Corpus Iuris Hibernici*, herausgegeben. Es ist „eine Sammlung sehr gemischten Inhalts", worin sich praktisch alles findet, was man heute als Privatrecht bezeichnen würde; denn ein staatlich sanktioniertes öffentliches Recht gab es nicht, nur ein privat durchzusetzendes Gewohnheitsrecht, wobei Zeugen und Bürgen, und der Status der beteiligten Personen (der sich in ihrem „Ehrenpreis" niederschlug) eine große Rolle spielten.[20] Da finden sich Rechtssätze, Erörterungen dazu, gelehrte Abhandlungen, Glossen, Kommentare, Anekdoten sagenhafter und auch geschichtlicher Natur, Partien in Frage und Antwort wie aus einem Rechtskatechismus. Während die Kommentare, Abhandlungen und Glossen relativ jungen Datums sind, geht anderes bis ins 7. und 6. Jh. zurück, und wenn nicht in der überlieferten Form, so doch dem Inhalt nach in noch frühere Zeit. Das Verständnis der Texte, soweit sie in archaischem Altirisch gehalten sind, ging verloren, ehe die Glossen und Kommentare abgefaßt wurden. Diese Texte wurden als alte Überlieferung mündlich durch die Jahrhunderte hindurch weitergegeben, auch dann noch, als sie unverständlich geworden waren. Auf Parallelerscheinungen werden wir im zweiten Teil unserer Studie stoßen.

Auch abgesehen davon deutet vieles in diesen Gesetzen darauf hin, daß wir es mit mündlichen Wiedergaben zu tun haben. Zunächst erhalten wir einen Einblick in die Art, wie in vorchristlicher Zeit und noch lange nachher Rechtsmaterie überliefert wurde. „Die (Rechts-)Überlieferung (*senchas*) der Männer Irlands – was hat sie bewahrt? Das übereinstimmende Gedächtnis zweier Alter, das Weitergeben von einem Ohr zum andern, der Gesang der *filid*, [die Vermehrung durch das Recht des Buchstabens (d. h. der Heiligen Schrift), das kräftige Stützen auf das Naturrecht]. Das sind die drei starken Steinblöcke, an denen die Urteilssprüche der Welt befestigt werden"[21]. Das Eingeklammerte ist ein späterer christlicher Zusatz zur Tradition aus der Vorzeit, denn der ursprüngliche Text kennt nur drei Elemente, nicht fünf. Die Rechtsmaterie beruhte also auf dem Gedächtnis, wurde mündlich wiederholt

---

[20] *Kuno Meyer*, Keltische Literaturen, S. 87. Die überlieferte Rechtsmaterie ist eingehend beschrieben von *Fergus Kelly*, A Guide to Early Irish Law (Dublin 1988). Dieses Buch bildet eine inhaltliche Ergänzung zu Binchys Edition des *Corpus Iuris Hibernici* (CIH).

[21] Einleitung zum *Senchas Mór*, ALI I, S. 31. *Thurneysen*, ZCP XVI (1927) S. 177 zitiert eine kürzere, aber offensichtlich jüngere Form.

und weitergeleitet und von den *filid* in eine rhythmische Form gebracht. So blieb sie durch Jahrhunderte erhalten.

Ähnlich lautet eine Stelle, welche von der (fiktiven) Verchristlichung des alten heidnischen Gesetzes durch Patrick handelt: „Es war nur erforderlich, daß sie (die *brehon*) aus dem Gedächtnis vorbrachten, was ihre Vorgänger gesungen hatten, und es wurde in Patricks Gegenwart nach dem geschriebenen Gesetz verbessert, das Patrick gebracht hatte“[22]. Aus diesen Worten spricht noch das Echo vom Eindruck, den die Bibel als geschriebenes Gesetz, zunächst überhaupt wohl als Buch, auf Patricks irische Zeitgenossen gemacht hat. Die mündlich überlieferten Texte waren in Verse gebracht und wurden offenbar in einem gewissen Singsang vorgetragen. *Mac Firbis* zählt darum die *brehon* mit den *filid* und den Geschichtenerzählern zu denen, „welche die mündliche Tradition sicherten“.

Diese *brehon* waren sehr konservativ. Wie das Wort von den „drei Felsblöcken“ verrät, wurde das Christliche, wenn überhaupt, nur oberflächlich angefügt. Das irische Eherecht ist in der alten Zeit und bis tief ins Mittelalter hinein überhaupt nicht verchristlicht worden, denn es gestattete vier legale Ehefrauen (die zweite wurde bezeichnenderweise *adaltrach*, von lat. *adultera*, genannt) sowie jede Art von Konkubinen. Der traditionsgebundene Rechtsgelehrte jener Epochen hat das Christliche wahrscheinlich immer als einen Fremdkörper empfunden. So murrt ein *brehon*: „Bevor Patrick kam, wurde in Irland freie Äußerung nur drei (Gruppen von Gelehrten) verstattet: dem Geschichtskenner für das Erzählen und Synchronisieren der Geschichten, dem Dichter für Preis- und Spottlieder, dem Rechtskundigen, um seine Ansicht entsprechend der Überlieferung und den Präzedenzfällen auszusprechen. Aber seit Patrick gekommen ist, ist jede Äußerung dieser Männer unter dem Joch der Männer mit der weißen Sprache“[23]. Die „weiße“ Sprache bedeutet das Evangelium, ein urtümlicher Ausdruck, welcher auf die „schwarze“, weil magische, Sprache der Druiden verweisen dürfte.

Wie mit den christlichen Ideen ging es auch mit der Idee vom irischen Hochkönigtum. Sie fand ihre erste Verwirklichung wahrscheinlich erst unter Niall Noigiallach („Niall von den neun Geiseln“), der um 378–405 regierte. Die Annalen geben zwar eine Königsliste bis zurück in die fernsten Zeiten. Die meisten Namen werden nicht fingiert sein, aber die soziale Stellung ihrer

---

[22] ALI I, S. 25.

[23] ib. S. 19.

Träger wurde nach den späteren Verhältnissen umgedeutet. Zur Zeit Nialls von den neun Geiseln waren die Rechtstraditionen längst formuliert, und so wurde die Idee vom *ard-rí*, vom Hochkönig, nicht ins Recht eingearbeitet. Erst um die Jahrtausendwende tritt sie im Buch des Rechts zutage.

Die *Brehon-Laws* verraten auch in ihrer Form sehr häufig, daß man es mit dem Niederschlag mündlicher Überlieferung zu tun hat. Als solcher ist z. B. die Aufzählung anzusehen:

Rí ocus aithech	„König und Bauer
Rígan ocus amrígan	Königin und Nicht-Königin,
Saer ocus daer	Freier und Unfreier.
Sothcedach ocus dothcedach	Begüterter und Unbegüterter,
Sona ocus dona	Reicher und Verlumpter“[24].

Der Rhythmus und die Gleichklänge in den gepaarten Begriffen sprechen das Ohr an, nicht das Auge, und stammen ohne Zweifel aus der mündlichen Überlieferung. Die Aufzählung ist wohl auch für mündliche Weitergabe berechnet, sonst wäre sie vermutlich juristisch-literarisch umgeformt worden, was offensichtlich nicht der Fall ist.

Dieses Rezitativ, wie wir es nennen dürfen, steht als Ausdruck mündlichen Vortrags nicht allein. Die Rechtssätze in den Gesetzen sind „teilweise in primitiver Versform auf uns gekommen“, urteilt *Mac Neill*[25], und *Kuno Meyer* sagt von den Ancient Laws of Ireland, daß sie Lehrgedichte enthalten, welche „ganze Kapitel der Rechtslehre in Memorialverse gebracht haben“[26]. Leider sind sie im Druck nicht als solche kenntlich gemacht. In einem nicht in ALI enthaltenen Rechtstrakt heißt es: „Der Umgang der Mühle umfaßt achtzehn Tage“; es folgt ein Text in Prosa und dann ein Gedichtstück von acht Strophen[27]. Das schon erwähnte Buch des Rechts besteht großenteils aus Texten in Gedichtform, doch wohl deshalb, weil diese Form altem Brauch entsprach. Das bezeugt wiederum, daß die Rechtsmaterie einstmals mündlich tradiert wurde.

Ein anderes Zeichen mündlicher Wiedergabe ist die Anordnung des Stoffes nach einfachen Zahlen. *Jacob Grimm* sammelte deutsche „Weisthümer“

---

[24] ib. S. 41; vgl. *Thurneysen*, l. c. S. 178.

[25] *E. MacNeill*, Celtic Ireland, S. 25.

[26] *Kuno Meyer*, l. c. S. 87.

[27] *D. A. Binchy*, Irish Law-Tracts Re-edited, I. in: Ériu XVII (1955) S. 72–77.

(Rechtssprüche), die „lauter hergekommene alte Rechtsgebräuche“ enthalten, „darunter solche, die längst keine Anwendung mehr litten“[28]. Sie stammen aus der Zeit vor ihrer Aufzeichnung, sind also Zeugen mündlicher Überlieferung. Zur Bestätigung dafür verweist Grimm auf die Anordnungen nach der Dreizahl und der Siebenzahl[29]. Solche Anordnungen sind in den in ALI enthaltenen Texten sehr zahlreich und noch viel unterschiedlicher.

In einer Zusammenfassung heißt es: „Bis hierher sind aufgezählt worden die Beschlagnahmen für einen Tag und für zwei Tage und für drei Tage und für fünf Tage und für zehn Tage“[30]. Dreiheften begegnen oft; viermal nacheinander kommt der Ausdruck „in jedem Rechtsspruch“, fünfmal das Wort „Zuschauer“[31] vor. Die Siebenheft tritt hervor in zweimal sieben Stichworten[32] und in einer Merkstrophe über „sieben Lebenstrennungen“ mit der abschließenden Bemerkung „wie die Sieben – eine auffallende Reihe – gefunden wurde in den Worten der *filid*“[33], also als eine Form mündlicher Tradition. Im fünften Band finden sich 82 Heptaden oder Siebenheften. Es ist selbstverständlich, daß derlei Anreihungen nach einfachen Zahlen eine große Hilfe für das Gedächtnis waren[34].

Die altirische Rechtsüberlieferung vollzog sich mithin innerhalb der Gedächtniskultur mit ihrer mündlichen Weitergabe. Sie bildete einen artgleichen Bestandteil des allgemeinen Stromes mündlicher Überlieferung.

Die altirischen Rechtstexte lassen sich unter dem Gesichtspunkt der Anreihung nach Zahlen mit der *Mischna* vergleichen, dem ältesten nachbiblischen jüdischen Gesetzeswerk (um 180 n. Chr.). So beginnt der Traktat *Rosch ha-Schana* (Das Neujahr) mit dem Satz: „Es gibt vier Neujahrstage“, die dann aufgezählt werden. Dann folgt: „An vier Festzeiten wird die Welt gerichtet“, die ebenfalls aufgezählt werden. Darnach beginnt der dritte Paragraph: „In bezug auf sechs Monate gehen die Boten aus“, nämlich um

---

[28] *Jacob Grimm*, Deutsche Rechtsaltertümer (Göttingen 1828), S. IX.

[29] ib. S. 208–210. – Vgl. *Karl Haff*, Der germanische Rechtssprecher als Träger der Kontinuität, in: Zeitschr. d. Savigny-Stiftung f. Rechtsgeschichte, German. Abtlg., 66. Bd. (Weimar 1948) S. 364–368; *Bernhard Rehfeldt*, Saga und Lagsaga, in: ZSav.-Stiftg., German. Abtlg., 72. Bd. (Weimar 1955) S. 34–55.

[30] ALI I, S. 209.

[31] ib. I, S. 277f. 241–3.

[32] ib. IV, S. 384–7.

[33] ib. II, 315.

[34] Vgl. *Kuno Meyer*, The Triads of Ireland, S. XII.

deren Anfang anzusagen; auch diese sechs werden aufgezählt. Dann wird noch hinzugefügt: „In bezug auf zwei Monate dürfen sie den Sabbat entweihen“[35]. Ein anderes Beispiel sei dem Traktat Beça (Ei, auch *Jom Tob*, Festtag genannt) entnommen: „Drei Sätze spricht Rabbi Gamliel erschwerend... Auch sprach er drei Sätze erleichternd... In drei Sätzen erlaubt Rabbi El'azar ben 'Azarja und verbieten die Weisen“[36].

Andere zahlenmäßige Anordnungen zeigen dieselbe Wendung am Anfang oder am Ende sonst verschiedenartiger Sätze. So eröffnet in Beça die Wendung „Die Schule Schammais sagt“ 2+9+2 Paragraphen, wogegen im Traktat *Para* (Die rote Kuh) 7 Paragraphen, die mit der roten Kuh nichts zu tun haben, ausmünden in die Bemerkung: „Siehe, das heißt: Was dich verunreinigt, verunreinigt mich nicht; doch du verunreinigtest mich“[37].

Nach *Günther Mayer*[38] bilden derartige Anordnungen, die zahlreich sind, einen klaren Beweis dafür, daß die betreffenden Partien ursprünglich mündlich tradiert wurden, wobei man die Zahlen als mnemotechnische Hilfen verwendete. Ebenso urteilen *Paul Fiebig*[39] und *Herbert Danby*[40].

Die historischen Dokumente, in denen uns altes irisches Recht aufbewahrt ist, dienen unserm Zweck in doppelter Weise. Einmal ergeben sie den unzweifelhaften Beweis, daß es vor und lange nach Patrick in Irland mündliche Rechtstradition gegeben hat. Die angezogenen Belege sind nicht die einzigen. Es wäre auch nach Stichwortkompositionen Ausschau zu halten, welche stets ein Beweis für mündliche Tradition sind. Der Strom juridischer mündlicher Überlieferung trägt sodann wesentlich dazu bei, daß wir von alter irischer Gedächtniskultur sprechen dürfen. Die Iren besaßen nicht nur Mythen und Stammessagen, sondern eine Mannigfalt geistiger Besitztümer, zu denen nicht zuletzt Rechtskunde gehörte; das alles zusammengenommen ergab eine Kultur im wahren Sinn des Wortes. Diese Kultur beruhte nicht auf der Schrift, sondern auf dem Gedächtnis; es war eine Gedächtniskultur. Es fragt sich nur, wie lange sie als solche erhalten blieb.

---

[35] Rosch ha-Schana, I, 1–4 (ed. *Paul Fiebig*) S. 75–79 (Die Mischna II, 8. Gießen 1914).

[36] Beça, II, 6–8 (ed. *Wolfgang E. Gerber*) S. 57 (Die Mischna, II, 7, Berlin 1963).

[37] Beça 1, 1–10 mit einem Zusatz in I, 4. – Para, VIII, 2–7 (ed. *Günther Mayer*) S. 89–93 (Die Mischna VI, 4, Berlin 1964).

[38] Beça, S. 2.

[39] Rosch ha-Schana, S. 2–6.

[40] *Herbert Danby*, The Mischnah, S. XXV (Oxford 1933).

2. Lateinische Schrift und Schriftkultur

Durch all die Jahrhunderte ihres Bestehens erlebten die irischen Kelten auf kulturellem Gebiet nichts, was an Bedeutung auch nur annähernd ihrer Christianisierung gleichkam. Ihr erfolgreichster Glaubensbringer war *Patricius,* der heilige *Patrick*, der innerhalb des 5. Jahrhunderts dreißig Jahre lang der Missionierung Irlands oblag. Er hinterließ einige wenige Schriften, aus denen sich ergibt, daß er nicht gerade hoch gebildet war, dafür aber ein Mann des religiösen Geistes und ein Mann der Praxis[41]. Er gewann buchstäblich Tausende für den Glauben an Christus[42], und darüber hinaus für das Leben in Ehelosigkeit, und für das Mönchtum mehr Männer und Frauen, als er selbst anzugeben imstande war[43]. Da sich nicht beweisen läßt, daß er selbst Mönch war, ist es schwer zu sagen, woher ihm die Begeisterung für den sogenannten Stand der Vollkommenheit zuteil geworden ist, ebenso wie es rätselhaft bleibt, wieso er soviele Heiden für dieses religiöse Ideal gewinnen konnte. Anfangs war Patrick nur unterstützt von Secundinus, Auxilius und Iserninus, die Nicht-Iren waren wie er selbst; bald aber mußte er auch Iren zu Priestern und Bischöfen weihen, zum Teil verheiratete Männer. Sein Missionsunternehmen kam innerhalb eines Jahrhunderts nach seinem Tod zum Abschluß, denn beim Übergang vom sechsten zum siebenten Jahrhundert war Irland praktisch ein christliches Land.

Soweit sie unsern Gegenstand berührt, ist die an Patrick anschließende Entwicklung in Dunkel gehüllt. Aus der Rückschau jedoch ergibt sich mit Gewißheit, daß in dieser Periode angelaufen sein muß, was sich bald zu einem staunenswerten Grad der Vollendung entwickelt hat: der Kult des Buches, die Kenntnis des Latein als Schrift und Sprache, und aus beiden zusammen die lateinische Schriftkultur irischer Prägung. Den Anlaß dazu hatte Patrick gegeben, aber die Entwicklung ging weit über das hinaus, was er bewußt anstrebte.

Ihren Sitz hatte diese Entwicklung ohne Zweifel in den Klöstern, die wenige Jahrzehnte nach Patricks Tod gegründet wurden. Da war es von großer

---

[41] Als Schriften Patricks gelten die „Confessio", eigentlich eine Selbstverteidigung, der sog. Brief an Coroticus, und im Verein mit Auxilius und Isernicus verfaßte „Canones". Vgl. *Ludwig Bieler*, The Works of St. Patrick (Ancient Christian Writers 17).

[42] Confessio § 50.

[43] ib. § 41, 42; Brief § 12.

Bedeutung, daß der heilige Finnian (gest. 549) „der Erzieher der Heiligen von Irland“[44] und einer der frühesten und einflußreichsten Gründer, seinem Kloster Cluain Iraird (Clonard, ca. 55 km westlich von Dublin) jenen Geist wissenschaftlichen Strebens einpflanzte, den er selbst aus dem Verkehr mit den britischen Klostermännern Cadoc, Gildas und David[45] geschöpft hatte. Denn auch von seinen Schülern wurden manche zu Gründern von Klöstern, in welchen dieser Geist weiterlebte. So stammte von einem anderen Finnian das Kloster Mag Bhile (Moville) in Ulster (um 540), von Ciaran, dem „Sohn des Werkmeisters“ (gest. 549) Clonmacnois am Shannon, von Brendan „dem Seefahrer“ (gest. 577 oder 583) das Kloster Clonfert, ebenfalls am Shannon. Der größte unter allen Gründern war der aus höchstem Adel stammende Columba, genannt Colum-cille. Ihm verdankten die Klöster Derry, Durrow und Hy (= I, Ia, Iona) ihr Entstehen. Iona lag auf einer Schottland westlich vorgelagerten kleinen Felseninsel, wo Colum-cille im Jahre 597 starb Berühmt wurde bald die Klostersiedlung Glendaloch (südlich von Dublin), welche auf Coemgen (Kevin) zurückging (gest. 618 oder 622).

Nicht zu den Schülern des Finnian von Clonard zählte Comgall (gest. um 600), der ihm aber an wissenschaftlichem Streben gleichstand. Er gründete an der Bucht des heutigen Belfast das Kloster Bennchor (Bangor), das bald großen Ruf erlangte. Von Bangor zog im Jahre 590 Columban mit Gallus und andern Gefährten aus, um Christus auf dem Kontinent, d. h. fern von der Heimat zu dienen[46]. An diesen und andern Stätten religiösen Geistes erblühte bald die lateinische Kultur, ohne daß wir imstande wären, die einzelnen Entwicklungsstufen zu zeichnen.

Patrick und seine Gefährten hatten aus dem Ausland Bücher mitgebracht, wie sie die Irländer bis dahin nie gesehen hatten, zumal nicht ein Buch wie das Evangelium, das das Wort Gottes selbst enthielt. Diese Bücher waren in einer fremden, aber schön anzusehenden Schrift geschrieben, welche man im Vergleich zur Ogam-Schrift (s. oben S. 16) nur vernünftig nennen konnte. Das scheint auf die Iren einen nachhaltigen Einfluß ausgeübt zu haben. Patrick verlangte von jenen Iren, welchen er die Hand zur Priesterweihe auflegte, daß sie diese Bücher lesen und verstehen lernten, sich also mit der lateinischen Sprache vertraut machten. Darin lag keine Zumutung. Es war einfach eine

---

[44] Annalen der Vier Meister zum Jahre 548.

[45] *John Ryan*, Irish Monasticism, S. 107–116.

[46] ib. S. 117–124, wo weitere Gründungen aufgezählt werden.

Notwendigkeit und bedeutete für die Iren jener Zeit, die alle Kinder der Gedächtniskultur waren und, verglichen mit dem unseren, ein ausgezeichnetes Gedächtnis besaßen, eine relativ geringe Mühe. Sie brachten außerdem einen Wissensdrang mit, den man auch in der Folgezeit nicht genug bewundern kann. So hielt das Latein als Schrift und Sprache seinen Einzug in Irland[47].

Je mehr Christengemeinden es gab, desto mehr Bücher waren vonnöten. Das führte dazu, daß man der neuen Sprachkenntnis, die man sich erworben hatte, eine praktische Betätigung durch Abschreiben gab; es geschah wohl ausschließlich in Klöstern. Der große Colum-cille war selbst ein hervorragender und eifriger Bücherabschreiber. Seiner Feder wird durchaus glaubwürdig eine Psalmenhandschrift vom Ausgang des 6. Jh. zugeschrieben, die in der Royal Irish Academy (Dublin) aufbewahrt wird. Man nennt sie „Cathach", etwa „der Kämpfer". Sie wurde stets als eine kostbare Reliquie Colum-cilles betrachtet. Um das Jahr 1100 war sie im Besitz der O'Donnell. Diese streitbaren Herren nahmen sie auf ihre Kriegszüge mit und trugen sie vor dem Kampf rund um ihre Heerschar herum, und zwar stets im Sinn der Sonnenbahn, weil man so durch die Hilfe des heiligen Colum-cille des Sieges sicher zu sein hoffte[48]. Von diesem magischen Gebrauch hat der Codex seine Bezeichnung erhalten.

Colum-cilles Freude am Abschreiben und Drang nach Büchern beleuchtet folgende Erzählung. Colum-cille besuchte einst seinen Freund Finnian von Mag Bhile und sah bei ihm einen Psalmencodex, den er sich zum Abschreiben erbat. Finnian wollte aber davon nichts wissen. Daraufhin verschaffte sich Colum-cille den Codex durch List und schrieb ihn heimlich ab. Es kam zwischen den beiden Gottesmännern zum Streit vor dem König Diarmaid. Dieser, des Lesens und Schreibens unkundig, aber nach Landessitte reich an Vieh, entschied zugunsten Finnians mit der entzückenden Begründung: „Jeder Kuh gehört ihr Kalb"[49].

Colum-cille war noch am letzten Tag seines Lebens mit dem Kopieren eines Psalters beschäftigt. Wo er müde zum Tode abbrach, setzte Baithene, sein Lieblingsjünger und Nachfolger als Klostervorsteher, die Abschrift fort[50], ein

---

[47] Von den vor Patrick von Süden her nach Irland gelangten Glaubensboten wie Declan von Ardmore, Ailbhe von Emly u. a. (vgl. Ryan, l. c. S. 118) wird gleicher kultureller Einfluß nicht berichtet, bleibt aber gleichwohl wahrscheinlich.

[48] *Kenney*, S. 629 f.

[49] Vgl. *O'Curry*, Materials, S. 328.

[50] *Adamnan*, Vita S. Columbae, III 30 Migne PL 88, 772.

Beweis dafür, daß Colum-cilles Beispiel wirksam war. Gegen Ende des 6. Jh. hatte nicht nur Iona seine Kopisten, sondern auch Bangor und wohl auch andere Klöster. Ihre Zahl wuchs stetig. In den Annalen der Vier Meister begegnen für das 8. Jh. etwa vierzig Namen von geschulten und weitbekannten Kopisten[51].

Gleiches ist aus der Tatsache abzulesen, daß es in den irischen Klöstern schon ein Jahrhundert früher einen Reichtum an Handschriften gab. Beda Venerabilis (673–735 n. Chr.) berichtet, daß zur Zeit der Seuche, welche zuerst England und dann Irland heimsuchte (zwischen den Jahren 664–668), viele Engländer aus dem Adel und dem Mittelstand in irischen Klöstern studierten. „Die Iren nahmen sie bereitwillig auf, gaben ihnen ohne Entgelt ihren täglichen Unterhalt, Bücher zum Lesen (d. h. zum Studium) und wissenschaftliche Leitung ohne Bezahlung“[52]. Diese Klöster besaßen somit nicht nur eine sorgfältig gehütete Bibliothek, sondern überdies eine beträchtliche Anzahl von Textbüchern, lauter gut geschriebene Handschriften.

Wie zu erwarten war, entwickelte sich in den irischen Schreibstuben ein eigener Schrifttypus, so daß Handschriften irischer Herkunft leicht als solche erkennbar sind. *Ludwig Bieler*, einer der besten Kenner der irischen Paläographie, urteilt: „Die irische Schrift hat von allen lateinischen Schriftformen des frühen Mittelalters das längste Leben und die weiteste Verbreitung gehabt“[53]. Abgesehen von den relativ wenigen alten Handschriften, die Irland heute noch besitzt, finden sich auf dem Kontinent in den Bibliotheken von Rom bis St. Petersburg über viertausend Handschriften oder Reste solcher von irischer Hand.

Die Krone aller irischen Handschriften ist das Buch von Kells. Es wurde um 800 im Kloster Kells geschrieben, das zur Gruppe der Stiftungen Columcilles gehörte. Es ist eine der wundervollsten Handschriften, die es gibt, und ist heute der größte Schatz der Bibliothek des Trinity College in Dublin[54].

Die irischen Mönche begnügten sich indessen nicht mit dem Abschreiben der Bücher, sondern wollten auch deren Sprache und Sinn verstehen. Einen Einblick in die Seele eines Kopisten gewährt uns der unbekannte irische Mönch, der etwa um 780–790 im Kloster Reichenau einen lateinischen Pauluskodex kopierte. Er benützte eine leere Stelle für ein Gedicht im Irisch

---

[51] *Ryan* (I) S. 115.

[52] *Beda*, Hist. Eccl. III, 27, Migne PL 95, 165.

[53] *Ludwig Bieler*, Irland. Wegebereiter des Mittelalters, S. 21.

[54] Zu den frühirischen Bibelhandschriften vgl. *Kenney*, S. 627–629.

seiner Zeit, das in St. Paul in Kärnten aufbewahrt wird. Es beginnt: „Ich und *Pangur bán*.“ Der Schreiber vergleicht sich mit seiner Lieblingskatze, dem weißen (*bán*) Pangur. Wie dieser darauf aus ist, Mäuse zu erhaschen, so ist der Schreiber darauf erpicht, den Sinn der von ihm kopierten Worte zu erfassen.

Ehe noch das Jahrhundert der großen Klostergründungen vorüber war, trat Columbanus hervor, ein Mann, der ein besseres Latein schrieb als die meisten seiner Zeitgenossen. Seine literarischen Kenntnisse umspannten ein erstaunlich weites Gebiet. Daß er mit der Heiligen Schrift vertraut war, ließ sich erwarten. Aber er kannte auch Schriften des Eusebius und Hieronymus, christliche Dichter wie Sedulius, Dracontius und Ausonius. Er liebte vor allem Vergil und Horaz, und auch andere Dichter Roms waren ihm nicht unbekannt[55]. Woher hatte er diese lateinische Bildung? Vielleicht lernte er einige Dichter in Gallien kennen, nachdem sich seine Gründung Luxeuil gefestigt hatte. Das meiste hatte er aber in Bangor kennen gelernt, schreibt doch sein Biograph Jonas, der bald nach seinem Tode sein Leben beschrieb, Columban habe die klassische Literatur (*liberales litterae*) ebenso wie die lateinischen Grammatiker in seiner Jugend, also in Bangor studiert[56]. Bangor und andere irische Klöster müssen am Ende des 6. Jh. in ihren Bibliotheken schon eine respektable Sammlung lateinischer Werke ihr eigen genannt haben. Die ersten Exemplare sind von Gallien und Spanien eingeführt und dann fleißig abgeschrieben worden. Auch die Schriften des Abtes Segene von Iona (ca. 632) und Ailerans „des Weisen“ (gest. 665) und die altirischen Glossen des Würzburger Pauluscodex aus dem 8. Jh. zeigen eine ausgebreitete Kenntnis lateinischer Werke[57].

Da sich mit dem Abschreiben auch das Verständnis des Geschriebenen verband, wurde *scriba* („Schreiber“) zu einem Ehrentitel und blieb es durch Jahrhunderte hindurch. Daneben kamen für Männer von tiefem und ausgebreitetem Wissen auch die Ehrenbezeichnungen *éces* und *suí* oder *suí littre*, lateinisch *sapiens* („der Gelehrte“) auf, was etwa einem *Doctor Theologiae* oder auch einem englischen D. Litt. entsprach.

Die im vorstehenden umschriebene Entwicklung mündete, wie zu erwarten, darin, daß sich irische Mönche daran machten, selbst lateinische Werke zu verfassen. Da das Volk kein Latein verstand, waren diese Werke für Mönche und Kleriker bestimmt. Rein literarischer Art waren die in Prosa gehaltenen.

---

[55] Vgl. *Kenney*, S. 190 f.

[56] *Jonas*, Columbi Vita, c. 7; Migne PL 87, 1015.

[57] *Kenney*, S. 635 f; *Ryan*, Monasticism S. 381.

Dazu gehören z. B. ein lateinischer Kommentar zu den katholischen Briefen, eine Abkürzung der *Moralia* Gregors d. Gr., verfaßt von Laid-cend dem Weisen (gest. 661), eine „Interpretatio mystica progenitorum Domini Jesu Christi" von Aileran dem Weisen (gest. 665)[58]. Ebenso gehörten zu dieser Gattung Heiligenleben, die vor Klostergemeinden verlesen wurden. Das bedeutendste ist die *Vita S. Columbae*, welche Adamnan, Abt von Iona, um 685 niederschrieb[59]. Sehr wertvoll sind Notizen über den heiligen Patrick, welche Tirechán zwischen 670 und 700 verfaßte, und ein Leben des heiligen Patrick von Muirchú ungefähr aus der gleichen Zeit[60]. Schon früher hatte Cogitosus ein Leben der heiligen Brigit von Kildare verfaßt[61].

Ausschließlich literarischen Zwecken dienten die Annalen. Rückschlüsse aus den lateinischen, aber mit irischen Buchstaben geschriebenen frühesten Bestandteilen der Annalen von Ulster, von Inisfallen und den sog. Annalen von Tigernach führen zur Annahme, daß es schon bald nach 600 eine lateinische Chronik gegeben haben muß, welche in einem Kloster entstand und andern Annalen als Grundlage diente[62].

Neben lateinischen Werken in Prosa verfaßten Iren bald auch solche in Versen; diese zielten zumeist auf das Auswendiglernen hin. Das gilt jedenfalls vom Hymnus auf Patrick, den Secundinus gedichtet haben soll, der aber wohl etwa im 6. Jh. entstanden ist. Man pflegte den Hymnus, der mit den Worten beginnt *Audite omnes amantes Deum* oft, wenn nicht täglich, zu Patricks Ehren zu singen. Aus Bangor stammt *Sancti venite*, wodurch die Mönche – durch ihren Dienst an Gott von der Welt getrennt und darum „heilig" – zum Empfang der Eucharistie aufgefordert wurden. Von Bangor stammt auch der Lobeshymnus auf die Brüderschaft von Bangor (*Munther Benchuir Beata*, „Selig die Klostergemeinde von Bangor") und ein Preislied auf die Vorsteher dieses Klosters. Lateinische Gedichte, alle religiösen Inhalts, aus der Frühzeit der irischen Kirche gab es viele[63].

Neben lateinisch verfaßter religiöser Literatur schufen die Mönche auch Werke profanen Inhalts. Von Adamnan (gest. 704) stammt ein Kommentar

---

58 *Kenney*, S. 277–280.

59 ib. S. 429–433.

60 ib. S. 329–335.

61 ib. S. 359 f.

62 *Robin Flower*, The Irish Tradition, S. 5.

63 *Kenney*, S. 258–272.

zu Vergil. Erwähnenswert sind besonders Mönche, welche nach 800 vor den Wikingern nach dem Frankenreich flohen. Dicuil schrieb unter anderm ein Buch über Geographie *Liber de Mensura Orbis Terrae*, Dunchad einen Kommentar zu Martianus Capella, Sedulius Scotus, während er noch in Irland weilte, einen *Commentarius in grammaticam Eutichii*, und später einen Kommentar zum Werk des Grammatikers Priscian. Diese wenigen Beispiele dürften hinreichen zum Nachweis, daß Irland durch Patrick veranlaßt wurde, sich zur lateinischen Schriftkultur emporzuarbeiten.

Zwei Fragen sollen noch kurz besprochen werden. Weshalb finden sich heute in Irland nur relativ wenige Reste des einstigen Bestandes an lateinischen Handschriften? Nur etwa zehn Bibelhandschriften aus der Zeit vor 1000 sind dort noch vorhanden, darunter der *Cathach* (s. oben S. 28), Cod. Usserianus I, das Buch von Durrow, das berühmte Buch von Kells und das Buch von Armagh[64]. Daß die turbulente Geschichte, welche Irland im zweiten Jahrtausend durchmaß, vieles vernichtet hat, ist einleuchtend. Aber auch aus der alten Zeit sind zwei Gründe zu nennen. Es gehörte zum asketischen Ideal der altirischen Mönche, um Christi willen die eigene Heimat zu verlassen und sich damit radikal von der eigenen Familie zu trennen; man wollte fern der Heimat Gott als Eremit (z. B. Gallus) dienen oder in einer Mönchsgemeinschaft nach den strengen irischen Regeln leben und, wenn nötig, auch missionarisch tätig sein. Das Opfer war groß angesichts des alles beherrschenden Clan-Geistes, der bis heute lebt und die Ausland-Iren wenigstens zu einem vorübergehenden Besuch nach Irland zurücktreibt. So kam es zur Auswanderung des heiligen Columban und seiner Gruppe und mancher anderer. Diese alle aber nahmen lateinische Handschriften mit sich, seien es Bibelmanuskripte, seien es liturgische oder asketische Bücher.

Der Exodus verstärkte sich, wenn auch jetzt in der Absicht, sich das Leben zu retten oder doch seine Existenz als Gelehrter zu sichern, als mit dem J. 795 die Einfälle und Raubzüge der Wikinger begannen. Je länger, umso öfter fielen diese Nordmänner in Irland ein, brandschatzten mit Vorliebe die Klostersiedlungen, töteten die Mönche, wo sie sie fanden, oder führten sie mit andern Gefangenen auf die nordischen Sklavenmärkte, und verursachten so

---

[64] ib. S. 9, Anm. 8. Das Buch von Armagh, *Liber Ardmachanus*, abgeschlossen im J. 807, enthält in der Hauptsache das Neue Testament, die *Confessio* des hl. Patrick, die Aufzeichnungen über Patrick von Tirechan und Muirchu sowie die älteste erhaltene *Vita Martini* (von Tours).

im Verlauf von zwei Jahrhunderten den Untergang vieler Klöster. Sie scheinen ein spezielles Vergnügen darin gefunden zu haben, die Manuskripte im Wasser zu ertränken. Das geschah vermutlich aus Aberglauben, um nicht zu Schaden zu kommen durch das, was sie als magische Runen betrachtet haben dürften. In ihren Ländern gab es keine Bücher, bis sie um die Jahrtausendwende die christliche Religion annahmen.

Es war kein Wunder, daß die gelehrten Mönche in großer Zahl ins Frankenreich flohen und dabei viele Handschriften mitnahmen. So finden wir am Hof Kaiser Karls des Kahlen eines der größten Genies der Zeit aus Irland, Johannes Scotus oder Johannes Eriugena (845–870). Um die gleiche Zeit rettete sich Sedulius Scotus mit seinen Gefährten nach Lüttich und dann nach Köln. Dabei trennten sie sich aber bei aller Not und allem Hilfesuchen nicht von einer Anzahl von Handschriften, die sie aus der irischen Heimat mitgenommen hatten. Ganz Europa profitierte von der Ankunft dieser Flüchtlinge[65]. Manche in Irland geschriebene Handschriften landeten schließlich in Klöstern wie St. Gallen, Reichenau und Bobbio. Auf diese Weise verlor Irland viele seiner lateinischen Handschriften.

Die zweite Frage hängt etwas enger mit dem Gegenstand unserer Untersuchung zusammen. Die lateinische Schriftkultur bedeutete einen gewaltigen Einbruch in die vorher allein herrschende Gedächtniskultur. Wo blieben die *filid*, die eigentlichen Träger der Gedächtniskultur? Wenn unsere Annahme zutrifft, daß die *filid* ursprünglich mit den Druiden eng verbunden gewesen waren, sich dann aber verselbständigt hatten und zur Zeit Patricks an Einfluß gegenüber den Druiden zunahmen, dürfen wir mit Recht erwarten, daß sie sich schon aus einem gewissen Gegensatz zu den Druiden gegenüber dem Christentum offener zeigten als diese. Vereinzelt mag es zwischen *filid* und Leuten der christlichen Religion zu Unfreundlichkeiten gekommen sein. So stellten sich einmal drei *filid* bei Lassrén ein[66], um ein Geschenk von ihm zu erhalten, und drohten, ihn zu „diffamieren", d. h. mit ihrer Satire in üblen Ruf zu bringen, wenn ihrer Forderung nicht entsprochen würde; doch Lassrén habe sie nur ausgelacht[67]. Im ganzen aber scheint zwischen den Mönchen und den *filid* ein friedliches Verhältnis geherrscht zu haben.

---

[65] Vgl. dazu das glänzend illustrierte Buch von *L. Bieler*, s. oben Anm. 53.

[66] Lassrén, auch Laisrén und Mo-Laisse, Abt von Lethglen (Leighlin, County Carlow), gest. 638 oder 639.

[67] Vitae Sanctorum Hiberniae, S. 343.

Bei näherem Zusehen entdecken wir, daß die Quellen von Patricks Zeiten an bis in die Wikingerzeit auf *filid* hinweisen, die Mönche waren. Nach einer etwas zweifelhaften Tradition schloß sich Dubthach, der Hof-*fili* des Königs Loeghaire, Patrick an; Dubthach legte Patrick nahe, einen andern *fili*, Fiacc mac Erc, zum Bischof zu weihen. Ein anderer Erc, der ebenfalls Bischof war, stand Patrick als Rechtsberater zur Seite. Er wird „Sohn des *éces* Maine" genannt[68], also Sohn eines *fili*[69], und soll im Jahre 512 im Alter von 90 Jahren gestorben sein. Von einem Mann namens Lon-Garad wird rühmend hervorgehoben, er sei „ein Meister der Buchgelehrsamkeit, der Rechtskenntnis, des Geschichtswissens und der *filid*-Gelehrsamkeit" gewesen. Damit wird er wohl in die Reihe der *filid* eingereiht. Lon-Garad starb wohl zwischen 570 u. 590 als ein Zeitgenosse von Colum-cille[70]. Ehe wir von diesem letzteren sprechen, seien einige weitere *filid*-Mönche genannt. So dürfte Colman mac Lenéne, der Gründer des Klosters Cluain Uama (Cloyne östl. von Cork) vor seiner Klosterzeit berufsmäßig ein *fili* gewesen sein (gest. 604). Cummine Fota („der Lange", gest. um 661) wird „der Weise" oder „Gelehrte" (*suí*) genannt. Er war Gründer von Achad Bo und war der Sohn eines *fili*, mit Namen Laidech Lecerd[71]. Ein berühmter Heiliger war Cainnech, „poeta venerabilis", also ein *fili*, ein Freund der Bücher, der selber solche abschrieb, eng verbunden mit Colum-cille und ein Freund des gelehrten Comgall von Bangor; er starb im Alter von 84 Jahren im Jahr 598[72]. Lugaid (meist genannt Mo-Lua), der Gründer von Clonfert-Mulloe (in Mittelirland) hatte unter seinen Mönchen einen „poeta" (*fili*) namens Conan. Mo-Lua starb 605[73]. Von einem zeitlich nicht festzulegenden Onchu, dessen Gedenktag der 8. Februar war, heißt es, er sei der Abkömmling eines Gelehrten (*éces*) gewesen[74].

Weitaus der bedeutendste unter allen *filid*-Mönchen war der heilige Colum-cille (gest. 597). In seinen Tagen drohte der ganzen *filid*-Zunft wegen ihrer Anmaßung, wie wir schon gesehen haben, auf der großen Versammlung zu

---

[68] *Stokes*, Félire Oengusso, S. 73.

[69] *Calder*, Auraicept, S. XIX „*Éces* is often equivalent to *fili*".

[70] *Stokes*, l. c. S. 199.

[71] ib. S. 32, 243.

[72] Vitae Sanctorum Hiberniae, S. 182–198, und Martyrologium von Tallaght zum 11. Okt.

[73] Vitae Sanctorum Hiberniae, S. 139.

[74] *Stokes*, l. c. S. 71.

Druim Ceat (575), wenn nicht völlige Unterdrückung, so doch einschneidende Beschränkung ihres Tuns. Sie wandten sich an Colum-cille um Hilfe. Er kam von Iona übers Meer, um seinen Kollegen beizustehen. Als er erschien, riefen die versammelten *filid* Gottes Namen an „auf das Haupt Colum-cilles und auf den christlichen Glauben“[75]. Der Urheber dieser Worte war offenbar der Ansicht, daß diese *filid* nicht alle Christen waren, und wir schließen uns seiner Ansicht an. Dank seiner Abstammung aus einer königlichen Familie, seiner Intelligenz und Bildung und seinem großen Ansehen vermochte Colum-cille „die Brüderschaft der *filid* von Irland“ vor dem drohenden Unheil zu retten; der König Aedh mac Ainmire gab nach.

In Iona empfing Colum-cille öfters Besuche befreundeter *filid*, die er immer gastlich aufnahm[76]. Fünfundzwanzig Jahre nach seinem Tod starb als sein dritter Nachfolger als Haupt der Mönche von Iona Feargna, ein Verwandter von ihm und „der Sohn eines *fili*“[77].

Unsere Liste derer, die gleichzeitig *filid* und Mönche waren oder doch *filid* als Väter hatten, ist keineswegs vollständig. Aber wir dürfen ihr entnehmen, daß die beiden Stände der *filid* und der Mönche in gegenseitigem Verständnis und gegenseitiger Freundschaft miteinander verbunden waren, stammten sie doch meist aus den gleichen vornehmen Familien. Und mehr als das. Manche Mönche lernten allmählich, was die *filid* kannten und konnten. Wir sehen das deutlich an den irischen Gelehrten, alles Mönche, die anfangs des 9. Jh. bei den Franken Zuflucht suchten. Genau wie die *filid* waren sie erstaunlich verskundig, waren offen für weltliches Wissen und zeigten sich – *sit venia verbo* – als ebenso unverschämte Bettler[78]. Es war wohl mehr als ein Großtun mit seiner Kenntnis des Griechischen, wenn Sedulius sich und seine Gefährten öfter als „sophoi“ bezeichnete. Wahrscheinlich meinte er damit nichts anderes als *filid*, wofür das Latein keinen zureichenden Ausdruck besaß. Diese Flüchtlinge

---

[75] Liber Hymnorum, I, S. 162 = II, S. 53.

[76] *Adamnan*, Vita Columbae, lib. I, § XXII, Migne PL 88, 738.

[77] *Stokes*, l. c. S. 87

[78] Vgl. Dungals Brief an einen Abt Adam (ca. 800–814), wo er, nachdem er flehentlich für sich gebettelt hatte, hinzufügte: „Nos ergo pauperes et peregrini oneri forsitan et fastidio vobis videamur esse propter nostram multitudinem et importunitatem et clamositatem.“ (MGH, Epistolae Karolini Aevi, II, S. 580). Zu erwähnen sind auch die Bettelbriefe in Gedichtform, welche Sedulius an Bischof Hartgar von Lüttich (840–854/5) und dann an Bischof Gunthar von Köln (850–863) richtete (MGH, Poetae Latini, III, S. 151–237.

waren somit gleichzeitig Mönche und *filid.* Als einzige Ausnahme kennen wir Johannes Eriugena, der die Priesterweihe nicht besaß, aber unzweifelhaft auf das Priestertum hin erzogen und geschult war[79].

Wenn die Mönche an der Bildung der *filid* teilhatten, war es wohl auch umgekehrt. Ihre Schulen, von denen bereits die Rede war, standen auch den Söhnen und Nachfolgern der *filid* offen, so daß diese ihrerseits mit der lateinischen Schriftkultur vertraut wurden. Als Beleg hiefür läßt sich anführen, daß die *filid* von den frühirischen lateinischen Hymnen eine ihnen bisher unbekannte Versform herleiteten[80].

Leider ließ sich bisher den Quellen nichts entnehmen über das Fortleben der altirischen Gedächtniskultur unter den *filid.* Was wir aber über die Bildung und die Schulen der Klöster erfahren, läßt dieser Kultur weiten Spielraum. Sie dürfte durch die *filid*-Mönche sogar in die Klöster eingedrungen sein und mit den lateinischen Textbüchern als Hilfen den Schulbetrieb beherrscht haben. Es war anders kaum denkbar.

3. Irische Schriftkultur

Ein Überblick über das vorausgehende Kapitel hinterläßt den Eindruck, daß in den frühirischen Klöstern ein wahrer Enthusiasmus für die lateinische Sprache und Literatur geherrscht hat. Ohne Enthusiasmus wäre der Siegeszug der lateinischen Schriftkultur innerhalb eines Jahrhunderts kaum zu erklären. Kaum hatte sich aber diese Kultur entfaltet, als man anfing, die lateinische Schrift auch für den Ausdruck der irischen Sprache zu verwenden[81]. Uns Heutigen erscheint das als ein selbstverständlicher Schritt, aber in der damaligen Situation war dieser nicht ohne weiteres gegeben, nicht auf seiten des Mönchtums, wenigstens soweit es sich wegen seiner lateinischen Schriftkultur als fortschrittlich und über andere erhaben dünken mochte, aber auch nicht auf seiten der traditionsgebundenen *filid*, welche ihrerseits auf ihr Wissen und ihr Können pochten.

Trotzdem scheint es ein unbekannter und ungenannter *fili* gewesen zu sein, dem als erstem der geniale Gedanke kam, das lateinische Alphabet zum

---

[79] *Max Manitius*, Gesch. der lat. Literatur des Mittelalters, Bd. I (München 1911) S. 332.

[80] Diese Ansicht vertreten *Kuno Meyer*, *Thurneysen* und *Flower*, während *Dillon* (Literature S. 151 f.) andrer Meinung ist.

[81] *Flower*, Tradition S. 3.

Niederschreiben des Irischen zu verwenden. Auf einen *fili* scheinen die beiden nachfolgend anzuführenden Überlieferungen hinzudeuten, welche beide von *filid* handeln. Als Datum käme der Anfang des 7. Jh. in Frage, da sich dann die beiden Überlieferungen gut einfügen. Dieser Unbekannte dürfte sich mit seinesgleichen über den geplanten Versuch verständigt haben, denn wo ein Schreiber ist, dahin gehört auch ein Leser. Gemeinsames Bemühen führte dazu, daß schon gegen Ende des 7. Jh., als die sog. Homilie von Cambrai, das älteste erhaltene irische Dokument, geschrieben wurde[82], „die Orthographie der Sprache endgültig festgelegt war", deren „wesentliche Elemente sich Jahrhunderte hindurch nicht mehr änderten"[83]. Den unbekannten *fili* und seine Freunde wird weniger die Notwendigkeit bewogen haben, eine Stütze für das Gedächtnis zu erhalten, welches bisher die Last der irischen Überlieferung zu tragen gehabt hatte, als vielmehr der Ehrgeiz, der irischen Kultur den gleichen Vorteil und Ruhm zu verschaffen, den die lateinische in den Klöstern weithin besaß.

Wie nahm man diese Neuerung in den Klöstern auf? Die *filid*-Mönche werden sie begrüßt haben, die extrem Latein-Gesinnten fühlten sich beeinträchtigt. Jedenfalls hat es Unstimmigkeiten wegen der beiden Sprachen gegeben. Wir lesen in *Auraicept*: „Warum sagt man, derjenige, welcher Gaelisch lese, beleidige (sei unhöflich gegen) Gott?" Gaelisch wurde als „weltliche Sprache" bezeichnet[84]. Diese Stimmen kamen von seiten solcher Mönche, welche für das Latein begeistert waren, und dürften beim ersten Auftauchen der irischen Schriftwerke zu hören gewesen sein. Aber es war nur wie ein leichtes Gekräusel auf einem sonst stillen See. Nach kurzer Zeit fand die irische Schriftwelt auch in den Klöstern eine Heimat.

Diese Überlegungen stehen etwas im Gegensatz zur Deutung, welche gewöhnlich der folgenden Überlieferung gegeben wird. Im Jahre 638 holte sich ein junger Mann aus hochadeligem Geblüt mit Namen Cennfaelad in einem Gefecht bei Mag Rath oder Moira ein Loch im Kopf. Man brachte ihn zu einem berühmten Chirurgen, Briccine in Tuaim Drecain (Tomregan, County Cavan). Cennfaelad mußte dort ungefähr drei Jahre zubringen, bis die Wunde (nach

---

[82] Die Homilie von Cambrai scheint gegen 700 n. Chr. geschrieben worden zu sein, s. *Kenney*, S. 283; *Flower*, l. c. S. 18; *Thurneysen*, ZCP XIX (1933) S. 207.

[83] *Ryan*, Monasticism, S. 377. Diese Behauptung ist in ihrer apodiktischen Form nicht zutreffend. Die Orthographie war zu allen Zeiten im Fluß. (W. M.)

[84] *Calder*, Auraicept, S. 5.

einer Operation) verheilt war. Diese Zeit verwandte er dazu, Vorlesungen aus Recht, aus Poetik und Geschichte zu besuchen, was darauf hindeutet, daß er ein *fili* werden wollte. Nach der hergebrachten Methode vollzog sich das Lehren und das Lernen ohne schriftliche Hilfsmittel, alles wurde durch das trainierte Gedächtnis der Lehrer und das zu trainierende der Schüler bewerkstelligt. Nun hatte Cennfaelad durch die Verwundung an seiner Gedächtniskraft Einbuße erlitten und verfiel darum auf den Ausweg, sich die irischen Vorträge auch schriftlich in irischer Sprache festzuhalten. Es war nun wohl nicht so, daß er zu diesem Zweck als erster die lateinische Schrift zur Niederschrift verwendete, sondern damit schon früher vertraut war und nur damit eine Neuerung vollzog, daß er Irisch-Geschriebenes als Gedächtnisstütze verwendete. Sein Gedächtnis war jedenfalls stark genug geblieben, daß er die tagsüber gehörten Vorlesungen des Nachts niederzuschreiben vermochte. Darin verrät sich wohl auch seine Absicht, die am Alten hängenden Lehrer nicht vor den Kopf zu stoßen. Wie jedoch die Nachricht an sich beweist, blieb sein Tun auf die Länge nicht verborgen; aber was konnte schon einem Enkel und Neffen von Königen geschehen?

Im Bericht heißt es sodann, er habe dem Gehörten bei der Niederschrift eine poetische Form gegeben, d. h. sie in eine Versform gegossen. Dadurch wurde die Niederschrift erst recht zu einer Stütze für sein Gedächtnis. Wahrscheinlich hat er damit allmählich Schule gemacht[85]. Der Schritt, den er als erster vollzogen hat, war bedeutsam genug, um ihm in der Entwicklung der irischen Schriftkultur einen Ehrenplatz zuzuerkennen. Cennfaelad erreichte sein Ziel; er wurde ein *fili* und erlangte einen großen Namen als Dichter und Geschichtskenner. Ihm wurde als einzigem Laien jenes Jahrhunderts der Ehrentitel „der Weise“ gegeben; die Annalen von Ulster notieren seinen Tod zum Jahr 678 mit den Worten: „Cennfaelad mac Ailella mit Aetain, sapiens, pausavit“. So weit über die Nachricht über Cennfaelad unter Abstrich legendenähnlicher Züge.

Stärker von der Legende umsponnen ist eine Nachricht über den *fili* Senchán Torpéist und den „Rinderraub von Cooley“ (*Táin Bó Cuailgne*). Wenn man die Wucherungen abstreift, bleibt als Geschehen etwa folgendes

---

[85] Hiezu *Eoin MacNeill*, A Pioneer of Nations, in: Studies XI (Dublin 1922) S. 13–28) 435–445 und *H.C.L. Tristram*, Warum Cenn Faelad sein „Gehirn des Vergessens“ verlor – Wort und Schrift in der älteren irischen Literatur, in: Deutsche, Kelten und Iren (s.o. Anm. 13), S. 207-248, bes. 234-236.

übrig. Torpeist, welcher später der Oberste der *filid* von Irland wurde, wollte die verschiedenen Sagen um diesen „Rinderraub“ sammeln[86]. Niemand war da, der sie in ihrer Gesamtheit kannte, und geschriebene Quellen gab es keine. So ersuchte Torpeist seine Fachgenossen, jeder solle beitragen, was er wisse, und am Ende ließ er alles aufschreiben. Er setzte voraus, daß man in seiner Umgebung Irisch lesen und schreiben konnte, denn nur um Irisch konnte es sich handeln. Das ging natürlich in der Überlieferung nicht ab, ohne daß einer der Helden der Sage, Fergus, aus dem Grabe zurückkehrte und die Erzählung „diktierte“. Der geschichtliche Kern weist in die Zeit um 650. Der „Rinderraub von Cooley“ war damals und noch Jahrhunderte hindurch in steter Ausgestaltung begriffen.

Das bisher Gesagte fügt sich m. E. nicht übel zusammen. Setzt man die Übertragung der lateinischen Schrift auf das Irische an den Anfang des 7. Jh., so genügt die Anlaufzeit für die Festigung und Verbreitung der irischen Schrift, bis ihr Cennfaelad um 640 eine neue Anwendung gab und Senchan Torpeist wenig später das Aufschreiben mündlicher irischer Traditionen nicht mehr als ein Problem empfand. Daß uns außer der Homilie von Cambrai an irischen Schriftwerken aus dem 7. Jh. nichts erhalten geblieben ist, spricht nicht notwendig dagegen. Es gibt indirekte Beweise, daß es bereits im 7. Jh. schriftliche Schöpfungen in irischer Sprache gab. Gerade Cennfaelad erscheint als einer der frühesten Autoren, welche auf Irisch schrieben[87]. Die damals anhebende irische Literatur wuchs, wie früher die lateinische, in ungeahntem Ausmaß. Wir können einzelne ihrer Gattungen nur eben kurz berühren.

Wenn man im Auge hat, daß sich unter den Klosterleuten jener Jahrhunderte manche *filid* und Söhne solcher befanden, stand zu erwarten, daß irische Schreibkultur sich unter den Mönchen geltend machen würde. Das war denn auch der Fall. Zunächst gab es bald geistliche Schriftwerke auf Irisch. Angefangen vom 6. Jh., entstanden in großer Zahl irische Gebete und Hymnen. Eines der ältesten Stücke ist die sogenannte *lorica* („Brustpanzer“) des heiligen Patrick, die wie spätere *loricae* Bitten gegen alle möglichen Übel enthält und jedenfalls aus der ältesten christlichen Zeit stammt. Eine Anzahl von Hymnen

---

[86] *Ernst Windisch*, Táin Bó Cuailgne, S. LII und LIX.

[87] *Ryan* (I) S. 125 erwähnt, daß Cennfaelad der erste mit Namen bezeichnete irische Autor eines juristischen Werkes ist und daß sich sein literarischer Ruhm auf Grund profaner und religiöser Dichtungen und einer Abhandlung über die Grammatik der irischen Sprache bis ins neunte Jahrhundert hinein erhalten hat.

sind in altirischer Sprache erhalten geblieben[88]. Eines der berühmtesten altirischen Gebete trägt den Titel „Besen der Andacht“, eine lange Reihe von Anrufungen Jesu zum Schutz gegen alle Arten von Gefahren; als Autor wird der Mönch Colcu úa Duinechta (gest. 796) genannt[89].

Zu erwähnen sind hier das Martyrologium von Tallaght (vielleicht um 700 mit späteren Zusätzen) und das in viersilbigen Strophen verfaßte Martyrologium des Oengus mac Oengoban (um 800). Gegen das Jahr 1000 dichtete jemand den *Saltair na Rann* (den „Psalter in Strophen“, wobei „Psalter“ soviel wie Liedersammlung bedeutet). In 150 Liedern wird die ganze Biblische Geschichte beschrieben[90].

Auch Prosa-Werke religiösen Inhalts entstanden, z. B. Erklärungen zum Psalter und zu liturgischen Gegenständen. Später kamen Heiligenlegenden und Homilien dazu, wie solche im *Leabhar Breac* gesammelt wurden. Eigenartig und ganz irisch in Charakter und Ursprung sind „Seefahrten“. Sie haben als literarischen Ausgangspunkt vorchristliche Seefahrtsgeschichten (*immrama*) der *filid* und ihre erste christliche Formung in der lateinischen *Navigatio Brendani*. In irischer Sprache gehalten sind die Seefahrten von Máel-Dúin, von Snegdus und Mac Riagla, zwei Mönchen von Iona, und der Úi Corra, die beiden letzteren aus dem 10. Jh. oder noch später[91]. Sie beschreiben in phantasievoller Weise die Suche nach dem Land der Seligen.

Mit den letztgenannten Erzeugnissen irischer Komposition nähern wir uns der Profanliteratur, welche in steigendem Maß die Klöster beschäftigte. Sie nahm ihren Anfang, wie wir gesehen haben, mit Cennfaelad und Senchan Torpeist, also unter den *filid*, und es ist der Mühe wert, die Vorfrage zu stellen, wieso sie sich auch der Klöster bemächtigen konnte. Der gewichtigste Grund war wohl dieser. Das heroische Streben nach Vollkommenheit, welches für das früheste irische Mönchstum kennzeichnend war, mußte schon im 8. Jh. einer Reaktion weichen, die zeitlich zusammenfiel mit der von außen herandrängenden Verweltlichung in der Führung der Klöster. Der Clan, welchem der Stifter entsprungen war und von dem er Grund und Boden für seine Niederlassung erhalten hatte, betrachtete sich stets als den eigentlichen

---

[88] Gesammelt im *Thesaurus Palaeohibernicus*, II, S. 289–359.

[89] *Kenney*, S. 275; über andere alte Gebete und Gesänge S. 723–732.

[90] ib. S. 736 f.

[91] Zur *Navigatio Brendani* s. *Kenney*, S. 410–412 und 1414–1417, über die späteren *navigationes* S. 411, Anm. 144 und S. 447 f. und 740 f.

Besitzer alles dessen, was das Kloster auch später sein eigen nannte. Es gab allmählich Klostervorsteher, die nicht nur keine Priester, sondern nicht einmal mehr Mönche waren. Solche Zustände mußten mit verheerenden Wirkungen für den Geist verbunden sein. Das harte Bußleben von früher verschwand. Etwa bis 850 gab es viele Mönche, die für eine Zeit oder dauernd ein Einsiedlerleben führten. Von da ab verzeichnen das *Chronicon Scotorum* und die Annalen von Loch Cé nur mehr vereinzelt Anachoreten. Der für die altirische Kirche typische *anamchara* (wörtlich „Seelenfreund“, in der Bedeutung Seelenführer) begegnet in den genannten Annalen nur noch zu den Jahren 1060 und 1065 und in den Annalen von Ulster noch einmal i. J. 1109. Es gab immer wieder neue Anläufe zum Besseren, aber da und dort ohne Zweifel auch Dekadenz, wenngleich man die Satire auf die Klöster in Mac Conglinnes „Vision“ (11. oder 12. Jh.) nicht zu verallgemeinern braucht. Jedenfalls war im 12. Jh. im irischen Mönchtum Raum für eine neue Spiritualität, wie sie die Cistercienser als erste der kontinentalen Mönchsorden nach Irland brachten; ihre erste Gründung Mellifont wurde i. J. 1157 eingeweiht.

Schweren geistigen Schaden brachten den Klöstern an äußeren Gründen die Seuche der Jahre 664–668, welche viele geistig hochstehende Mönche dahinraffte, und natürlich die Raubzüge der Wikinger vom Anfang des 9. bis tief ins 11. Jh.[92]. Am Ende dieser Heimsuchung war vielerorts die bewegliche Habe dahin, die Zahl der Mönche durch Verschleppung, Ermordung und Flucht dezimiert, die geistige Verbindung mit der Vergangenheit schwer geschädigt, wo nicht gar unterbrochen; manche Klöster waren überhaupt untergegangen[93].

Wir müssen aber auch ein Auge auf die *filid* werfen. Auch sie litten unter den Wirren der Wikingerzeit. Sie mußten vielfach fliehen und ihre Schulen schließen. Aber ihre größere Beweglichkeit, verglichen mit jener der Mönche, war ihre Rettung, und sie fanden schneller zu ihrer normalen Beschäftigung zurück. In dieser Situation bedeutete das aber, daß ihr Einfluß gegenüber früher bedeutend wuchs, so daß er sich bald auch in den wiederhergestellten Klöstern sehr stark bemerkbar machte.

---

[92] In den Jahren vor 847 wütete neben den Wikingern der König-Bischof von Cashel Feidlimid mac Crimthainn in manchen Teilen Irlands mit Feuer und Schwert, um das Hochkönigtum zu erlangen (*Ryan* (II), S. 9f.). „Er zerstörte vielleicht mehr Kirchen als irgend ein Wikinger“ (*Liam de Paor*, in: The Course of Irish History, S. 97).

[93] Dem Kartenwerk „Map of Monastic Ireland“ (Léarscáillíocht Éireann, 2. ed. Cork 1964) ist zu entnehmen, daß nach dem 10. Jh. etwa hundert alte Klöster verschwunden waren und nur noch ca. 160 weiterexistierten.

Auch die Mönche fanden wieder zu ihrer literarischen Tätigkeit zurück und eröffneten ihre Schulen. Wie früher schrieb man kirchliche und religiöse Schriften ab und brachte illuminierte Bibelhandschriften hervor. Aber die irischen Schriften – und darin wird man einen Teil des Einflusses der *filid* sehen dürfen – wurden zahlreicher als die lateinischen. Der im 11. Jh. zusammengestellte „Liber Hymnorum" enthält Dichtungen von Mönchen der alten Zeit, 29 in Latein, 18 in Irisch. Aber von den hinzugefügten Einleitungen zu einzelnen Stücken sind nur mehr 8 lateinisch, dagegen 22 auf Irisch. Die Annalen von Clonmacnois, Inisfallen und die sog. Annalen von Tigernach wurden vom 11. Jh. an von Mönchen auf Irisch weitergeführt. Man kann von dem Erstarken des nationalen Empfindens in den Klöstern sprechen.

Noch bezeichnender für die nach-wikingischen Klöster war, daß man dort nun auch Überlieferungsgut der Vorzeit niederschrieb. Es konnte nur von den *filid* herkommen und zeigt deutlicher als alles andere, daß der Einfluß der *filid* auf literarischem Gebiet den der Mönche überrundet hatte. So schrieb zu Anfang des 11. Jh. der Mönch Máelmuir mac Célechair (i. J. 1116 von Räubern erschlagen) im Kloster Clonmacnois in irischer Sprache das sog. „Buch der braunen Kuh" (*Lebor na hUidre*), das jetzt in der Royal Irish Academy in Dublin aufbewahrt wird. Es ist eine bunte Sammlung profaner literarischer Werke, z. B. mancher alter Sagen, aber auch von Erzeugnissen frühmittelalterlicher *filid*. Etwa um 1200 n. Chr. wurde eine ähnliche Sammlung in Tirda-Glas (Terryglass) geschrieben, welche als das „Buch von Leinster" (*Lebor Laignech*) im Trinity College zu Dublin zu sehen ist. Es ist voll geschichtlicher Stoffe, alter Sagen, und besonders von Genealogien. Ähnlich sind Sammelhandschriften, die um das J. 1400 nicht mehr von Mönchen, sondern von *filid* angefertigt wurden, so das „Große Buch von Lecan", das „Gelbe Buch von Lecan", das Buch von Ui Maine (oder Hy Many), und „das Gefleckte Buch" (*Leabhar Breac*) mit kirchlichen und religiösen Stoffen, irisch oder lateinisch geschrieben.

Diese Sammelcodices, vor allem die beiden zuerst genannten, sind kalligraphisch sauber geschrieben, aber von unhandlich großem Format. Beides zeigt an, daß es darum ging, altes Gut zu sammeln und in möglichst haltbarer Form niederzulegen[94]. Diese und die nachfolgenden Angaben lassen erkennen,

[94] Im Gelben Buch von Lecan (14. Jh.) steht die Randbemerkung: „Ein Gebet für Mac Firbis, der dieses Buch geschrieben hat als ein Erbstück für seine Familie, die nach ihm kommen wird, für immer." Bei *Charles Plummer*, On the Colophons and Marginalia of Irish Scribes, in: Proc. of the Brit. Acad. 1926 (London) S. 19.

daß es den Klöstern nicht mehr darum zu tun war, Neues zu schaffen, als vielmehr Altes zu sammeln. Kenney bemerkt dazu, daß es durch lange Zeiten von Irlands Geschichte hindurch die oberste Aufgabe des Geschichtskenners war, die Überlieferungen zu sammeln, damit sie nicht verloren gingen.

Man mag sich fragen, warum nur die beiden ältesten Sammelcodices von Mönchen geschrieben worden sind, nicht die späteren, welche sämtlich von *filid* stammen; jene gehören in das 11. und 12. Jh., diese ins 13. und die nachfolgenden Jahrhunderte. Die zeitliche Trennungslinie fällt zusammen mit dem Untergang der altirischen Kirchenordnung. Bis dahin hatten die Äbte der Klöster als Träger aller kirchlichen Jurisdiktion die von ihnen abhängigen Territorien regiert; durch die Synoden von Rath Bresail (i. J. 1111), Inis Padraig (i. J. 1148 unter dem Erzbischof Malachias von Armagh), von Kells (i. J. 1152) und anderen bahnte sich die römische Kirchenordnung an. Die Klöster verloren ihre Primatstellung, das Land erhielt allmählich residierende Bischöfe mit abgerundeten Diözesen. Die Klöster waren offenbar nicht mehr einflußreich genug, um ihr Erbe zu wahren. Dazu kam eine weitere, nicht unbedeutsame Änderung. Die Annalen von Ulster vermerken zum J. 1174 den Tod von Flann úa Gormain, Studienleiter (so etwa der Sinn des Titels *ard-fer léginn*) „von Armagh und ganz Irland“[95], d. h. die Klosterschulen hatten ihre Selbständigkeit und Eigenart verloren. Kurz vorher hatte man auf der Synode von Cloenadh (Clane, i. J. 1162) beschlossen, es sollten künftig nur Schüler oder Graduierte der Schule von Armagh den Posten eines Leiters (*fer léginn*) in einer kirchlichen Schule einnehmen[96]. Damit ging der wissenschaftliche Schwung dieser Schulen dahin.

So haben wir es in der Hauptsache vom 13. Jh. an mit der Tätigkeit der *filid* und ihren Werken zu tun. Auch sie kümmerten sich um geistliche Überlieferungen, wie solche z. B. den Sammelkodex, genannt *Leabhar Breac*, füllen. Aber in der Hauptsache herrschte von nun an die profane Literatur vor. Die *filid* setzten übrigens nur fort, was sie schon viel früher begonnen hatten. Das Sprachgewand, in welchem manche der überlieferten Sagen erhalten sind, scheint bis ins 8. Jh. zurückzugehen, während andere in den nachfolgenden Jahrhunderten modernisiert wurden[97]. Das verrät, daß sich die *filid* ununterbrochen mit den Sagen beschäftigt hatten. Sie brachten

---

[95] *Kenney*, S. 11.

[96] *Ryan* (II) S. 74f.

[97] Vgl. *Dillon*, Literature, S. 13–143.

nicht alles jeweils auf den späteren Stand der Sprache, weil ihnen die Ausdrucksweise der früheren Zeiten vertraut blieb. Jedenfalls aber haben sie sich um die Niederschrift gekümmert. Sie waren es auch, welche die ersten (nicht mehr erhaltenen) Sammelcodices schufen. Vom König und Bischof von Cashel, Cormac mac Cuilennáin (gest. 908), der ein berühmter *fili* war, stammte neben anderen profanen Schriften der *Saltair Caissil* (Psalter, d. h. Gedichtsammlung von Cashel) mit rhythmisch gestalteten geschichtlichen und genealogischen Stoffen. Als Ganzes ist diese Sammlung verloren gegangen, wie auch eine ähnliche Handschrift, *Cín Dromma Snechta*. Solche Werke des 10. Jh. waren die Vorbilder für die später von den Mönchen geschriebenen Sammelhandschriften. Auch hier zeigt sich, daß die Mönche unter dem Einfluß der *filid* standen. Die *filid* blieben bis ins 17. Jh. „vielleicht der einflußreichste weltliche Faktor in der irischen Gesellschaft“[98].

Von den *filid* sind in Abschriften auch viele originale Werke erhalten geblieben. Es waren wissenschaftliche Arbeiten, wie man sie damals schuf, in Verse gesetzte geschichtliche Stoffe, welche alte Traditionen festhielten, die aber unter christlichem Einfluß in einer Darstellung der künstlich konstruierten fortlaufenden Geschichte von Noe bis ins mittelalterliche Irland ausmündeten. Zu den ältesten *filid*, deren literarische Erzeugnisse z. T. bekannt sind, zählen Mael-Muru von Othain (gest. 887) und Flannacan mac Cellaig von Brega (i. J. 896 von den Wikingern erschlagen)[99]. Mehr darüber später.

Vom 10. Jh. an kamen Übersetzungen oder besser Bearbeitungen ausländischer Werke dazu, Sagen über den Untergang von Troja und über Alexander den Großen. Sie dienten eher der Unterhaltung als der Belehrung. Doch entstanden auch Werke über irische Geschichte, wie der mit Sagen verquickte „Krieg der Gael und der Gall“, der Iren und der Wikinger. Den Höhepunkt darin bildet die Schlacht bei Clontarf (*Cluain Tarbh*, „Wiese der Stiere“, bei Dublin) vom Jahre 1014 n. Chr. Damals besiegte das Heer des großen irischen Königs Brian Boroimhe endgültig die Wikinger, er verlor dabei aber sein Leben. Zuverlässiger als das vorausgenannte Werk ist „Der Triumph von Turlough O'Brian“ aus dem J. 1359. Großen geschichtlichen Wert haben sodann die Annalen von Ulster, von Loch Cé und die zuletzt verfaßten „Annalen der vier Meister“, in welchen viele alte Überlieferungen erhalten geblieben sind und eine wirkliche Geschichte der letztvergangenen

---

[98] ib. S. 174.

[99] *Kenney*, S. 13, wo noch andere berühmte *filid* dieser Epoche genannt werden.

Jahrhunderte geboten wird. Die letztgenannten Annalen wurden unter dem Druck schwerer Verfolgung in den Jahren 1632–1636 in Donegal verfaßt; ihre vier Autoren waren zwei Glieder der Familie O'Clery, ein O'Duignan und ein O'Mulconry, alles *filid* und Mitglieder des Franziskanerordens. Aber der am meisten gefeierte irische Geschichtsschreiber ist sicher Geoffrey Keating (ca.1570–1646); er schrieb „Die Geschichte von Irland" (*Forus Feasa ar Éirinn*), in welcher er sich als der größte Meister irischer Prosa erwies.

Neben Werken geschichtlicher Art gibt es eine nicht geringe Anzahl von Handschriften rechtlichen Inhalts. Auch übersetzte man lateinische Werke über Medizin und Astronomie ins Irische. Ebenso schuf man Abhandlungen über Grammatik und Metrik, welches immer schon beliebte Stoffe der *filid* gewesen waren.

Selbstverständlich fehlte es nicht an Belletristik. In Reim und Prosa behandelte man Sagen aus dem neueren, dem sog. Fenischen oder Ossianischen Sagenzyklus, dessen Hauptgestalten Finn mac Cumhail, Ossian, Goll und Grainne waren. Neben lyrischer Poesie sind viele Preislieder der *filid* zu Ehren ihrer Mäzene erhalten. Von den AngloNormannen, die sich seit 1170 in Irland breitmachten, übernahmen die Irländer auch französische und englische Sagenstoffe.

Das alles sind nur spärliche Hinweise auf den Reichtum des mittelalterlichen irischen Schrifttums. Als solches gehörte es nicht dem Volk, das nicht lesen und schreiben konnte, auch nicht den Klerikern und Mönchen, soweit es weltlichen Inhalts war – und das traf bei der Mehrzahl der Werke zu. Es gab aber viele hochstehende Personen des Laienstandes, sowohl in den altirischen Familien wie unter den Abkömmlingen der Anglo-Normannen, welche für das Literarische Interesse hatten. Die O'Donnell, welche bereits den „Cathach" ihr eigen nannten (s. oben S. 28), erstanden i. J. 1522 für 140 Milchkühe den als „Buch von Ballymote" bekannten Pergamentcodex in folio aus der Zeit 1384–1406 mit Texten meist profanen Inhalts, der heute in der Bibliothek der Royal Irish Academy liegt. Man schätzte also in oberen Kreisen die Bildung und die sie vermittelnden Schriftwerke.

Gleiches tritt in einem andern, recht originellen Handel zutage. Der Pergamentcodex Laud 610 in Oxford trägt den Vermerk, daß er einst im Besitz des Edmund, eines Sohnes des Richard Butler in Irland, gewesen sei – die Butler waren ein einflußreiches anglonormannisches Geschlecht. Dieser Besitzer geriet bei einem Gefecht i. J. 1462 als Gefangener in die Hände seines Gegners Thomas, des achten Earls von Desmond. Da dieser aber nach Ausweis der Geschichte in Latein, Englisch und Altirisch bewandert, also sehr gebildet war, ließ er seinen Gefangenen frei gegen Übergabe eben dieses Codex und eines zweiten, des „Buch des Felsens“, der leider längst verloren gegangen ist[100]. Dieser Handel war übrigens nicht der einzige in seiner Art. – Von einem andern angloirischen Edelmann dieser Periode, dem achten Earl von Kildare aus der Familie der Fitzgerald, wissen wir, daß er eine reiche Bibliothek von lateinischen, englischen, französischen und irischen Büchern besaß[101].

Im Mittelalter gab es somit gleichzeitig eine doppelte Schriftkultur, die lateinische und die irische. Die allmählich zu einer Unterströmung herabgesunkene lateinische ist mehr und mehr überlagert worden von der nationalen irischen. Diese letztere mit ihren Anfängen im 7. und 8. Jh. entwickelte sich in einem Ausmaß, daß sie an Alter, Stofffülle und Ausmaß mit jeder andern nationalen Literatur in Vergleich treten kann. Für uns ergibt sich die Frage, ob die lateinische und irische Schriftkultur nicht im Lauf der Jahrhunderte die alte irische Gedächtniskultur völlig erdrückt hat. Diese Frage drängt sich besonders deshalb auf, weil die *filid*, welche die Träger der Gedächtniskultur gewesen waren, sich mehr und mehr zu Schöpfern einer irischen Schriftkultur entwickelt hatten. Diese Frage soll im nächsten Abschnitt behandelt werden.

4. Die irische Gedächtniskultur im Mittelalter

Zweimal ist uns in den bisherigen Darlegungen die Gedächtniskultur, wie sie im 1. und 2. Kapitel beschrieben wurde, aus dem Auge entschwunden, das erstemal, als wir uns mit der lateinischen Schriftkultur befaßten, das zweitemal, als wir die nach ihr entstandene irische Schriftkultur zu skizzieren versuchten. Beide Arten von Schriftkultur flossen zu einer Einheit zusammen, indem sie die Geisteshaltung in gleicher Weise beeinflußten, die lateinische Schriftkultur mehr die Mönche oder den Klerus überhaupt, die irische dagegen hauptsächlich die *filid*. Dessen ungeachtet blieb die Gedächtniskultur am Leben, wenn sie für uns auch durch die vielen Werke der lateinisch-irischen Schriftkultur überdeckt wurde. Wenn wir im folgenden die literarischen Gegebenheiten richtig deuten, stand die Schriftkultur zum Teil sogar im Dienst der Gedächtniskultur.

Die Träger beider Kulturen, der Gedächtnis- wie der (irischen) Schriftkultur, waren, wie wir gesehen haben, letztlich die *filid*. Wir müssen hier nochmals auf

---

[100] Vgl. *Stokes*, The Martyrology of Oengus, S. XV.

[101] *Flower*, Tradition, S. 144.

sie zurückkommen, um ihre soziale Stellung richtig zu erfassen, denn davon hing ihr Einfluß als Hauptträger der beiden Kulturen wesentlich ab. Auf der Versammlung von Druim Ceat (s. oben S. 35) hatte Colum-cille die *filid* nicht nur vor dem Untergang bewahrt, sondern ihnen erstaunlich viele Privilegien gerettet. Man räumte ihnen den Rang unmittelbar nach dem Hochkönig ein, was sich in der Anweisung der Plätze bei königlichen Gelagen äußerte. Während der König außerhalb seines eigensten Territoriums 30 Gefolgsleute haben durfte, blieb dem *ollam* das Recht auf 24[102]. Das war nicht wenig, nachdem die *filid* beansprucht hatten, auf geistigem Gebiet das zu sein, was der König auf politischem war, und gleiche Anerkennung gefordert hatten. Man könnte den Stand der *filid* den eines ertrotzten Adels nennen. Ihr Selbstbewußtsein hat sich in den späteren Jahrhunderten nicht vermindert.

Das Klassenbewußtsein der *filid* führte zur Erblichkeit ihrer sozialen Stellung. Im Mittelalter, nach der Periode der Wikingereinfälle, war es ebenso. In einem Dokument des 10. Jh. heißt es, ein „Barden"-Grad vererbe sich vom Großvater bis auf den Urenkel, auch dann, wenn der Nachfahre seinen Beruf nicht ausübe[103]. Das betrifft, wie unten näher dargetan wird, die *filid.* Dieses Erbverhältnis läßt erkennen, daß es schon im 10. Jh. *filid*-Familien gegeben hat. Aus der Zeit des Hochmittelalters und des Spätmittelalters kennt man eine große Zahl solcher Familien; Kenney zählt 45 der bekanntesten und bedeutendsten auf[104], darunter die O'Duigennan, die O'Daly, die Mac Firbis. Den größten Ruf besaßen vielleicht die O'Daly. Sie stammten von einem Dalach ab, welcher als Schüler von Colman mac Lenene (gest. i. J. 604), eines *fili*, selbst ein *fili* war. Für die Periode von 1139–1589 werden in den Annalen der Vier Meister nicht weniger als 36 Angehörige dieser Familie erwähnt, und sie bestand bis tief ins 17. Jh.[105]. Der Beruf eines *fili* ging vom Vater nicht nur auf seinen Erstgeborenen über, sondern auf alle seine Söhne. Nur so war es möglich, daß im J. 1451 Margaretha, die Tochter des Herrn von Ely und Gemahlin des Herrn von Offaly, gegen 2700 *filid* zu einem Fest zusammenbrachte[106].

Das Anwachsen der *filid*-Familien stand wohl im Zusammenhang mit der Spezifizierung des Titels „ollam". Es gab allmählich nicht mehr nur

---

[102] *D'Arbois de Jubainville*, Introduction, S. 334–348.

[103] *Thurneysen*, Verslehren, S. 5 und S. 108.

[104] *Kenney*, S. 20 f. ; dazu *Paul Walsh*, Men of Learning, *passim*.

[105] *Eleanor Hull*, II, S. 154.

[106] *Kenney*, S. 22.

den *ollam* im allgemeinen, sondern einen *ollam* der Verskunst (*filidecht*), der Geschichtskunde, der Rechtswissenschaft, der Medizin usw. Auch die *filid*-Familien hatten sich spezialisiert. Die Familie der Aedhacan war eine ausgesprochene Juristenfamilie geworden. Die Annalen von Loch Cé melden von einem Brian mac Aedhacan, der als *ollam* der Rechtswissenschaft, somit als ein *brehon*, in Breifne starb, von einem andern Mac Aedhacan, der *ollam* in Ost-Munster war, von drei andern gleichen Namens als *brehon* in andern Gegenden, alles innerhalb der Zeitspanne von 1390–1409.

Man hielt es nicht als unverträglich mit der hohen Stellung eines *ollam*, wenn er gleichzeitig als Kopist alter Dokumente tätig war. Daß *filid* schon seit dem 9./10. Jh. Sammelcodices schrieben, haben wir schon gesehen. Mehrere dieser Codices entstanden innerhalb einzelner *filid*-Familien. Gilla Isu Mór mhic Firbis, der *ollam* der Úi Fiachrach (derer von Fiachrach) war, schrieb einen Teil des sog. „Großen Buches von Lecan"; aus seiner Familie stammt auch das „Gelbe Buch von Lecan". Das „Buch von Ballymote" (1384–1406) ist das Werk der *filid*-Familie der O'Duigennan.

Ein charakteristischer Zug der *filid* seit den ältesten Zeiten war der, daß sie sich an die Wichtigen im Lande anschlossen. Dieser Zug läßt sich durch alle Phasen der irischen Geschichte bis ins 17. Jh. hinein verfolgen. Dieser Zug führte dazu, daß die Nachkommen eines *fili*, dem es bei einem Herrn gut gegangen war, diesem Herrn ebenfalls dienten und ebenso seinen Nachkommen, so daß die *filid*-Familien sehr oft zu Familien-*filid* wurden. Um Beispiele zu nennen: Die *filid*-Familie der Mac Firbis diente den Mac Donnell von Antrim, diejenige der O'Duigennan den Mac Dermott. Diese Verbindung dauerte bisweilen durch mehrere Generationen.

Die Familien-*filid* waren in mehr als einem Sinn die Historiker dieser Familien. Nicht nur sorgten sie mit ihren Rezitationen alter Sagen für abendliche Unterhaltung, sie besangen auch ihre Herren und deren Angehörige zu deren Ruhm; Hochzeiten, Geburten, Todesfälle, Gebietserweiterungen in Krieg und Frieden und andere Heldentaten ihrer Herren boten dazu Anlaß. Solche und ähnliche Erzeugnisse gingen nicht in die Literatur ein, sondern blieben auf den engen Kreis der Familie des Herrn beschränkt, wurden aber des öfteren allmählich zusammengestellt und führten so zu Familiengeschichten. Das „Buch von Fermoy" ist die Familiengeschichte der anglo-normannischen Familie der Roches; dergleichen gibt es von den O'Byrne, den O'Hara, den O'Reilly, den Maguire.

Die Familien-*filid* mußten wohl unterrichtet sein in der Geschichte der Familie ihres Herrn, vor allen in genealogischen Fragen, wobei es nicht genügte, den geradlinigen Stammbaum zu kennen. Nehmen wir den gewiß nicht seltenen Fall eines Rechtsstreites an, in den der Herr mit jemand anderem wegen eines Grundstückes verwickelt wurde. Der *fili* mußte genau wissen, welches die Genealogie der Streitenden war mit den Verzweigungen, Verheiratungen, früheren Abmachungen und Händeln. Nur so konnte der Familien-*fili* wirksam von Nutzen sein. Das machte die *filid* zu wirklichen Geschichtsforschern und -kennern. Sie gehörten mit den Rechtskundigen und Ärzten zu den Wissenschaftlern ihrer Zeit. Im heutigen (offiziellen) Irisch ist *ollamh* der Titel des Universitätsprofessors. Das gemeinsame Interesse an der Geschichte verband die *filid* über den Kreis ihrer Patronatsfamilie hinaus mit andern Männern ihresgleichen, was in einem gemeinsamen Standesbewußtsein resultierte.

Diesem Standesbewußtsein war es nur förderlich, daß die *filid* vor allem durch ihre Patrone zu großem Reichtum kamen. Eine Milchkuh – die uralte Handelseinheit Irlands – für ein gut ausgearbeitetes Lobgedicht auf einen reichen Herrn galt als geringer Lohn. Tadgh Óg O'Huiginn (gest. 1448) rühmt sich, daß er für ein Gedicht nicht weniger als zwanzig Milchkühe zu erhalten pflegte[107]. Sie kamen auch in Besitz von Liegenschaften. Schon für das Jahr 1185 wird in den Annalen der Vier Meister Maelisa úa Dalaigh, „*ollam* von Irland und Schottland" und „Herr von Corca Raidhe und Corca Dain", ob seiner allgemein bekannten Gastfreundschaft gelobt. Unter mehrfachem Gesichtspunkt wird unser Thema beleuchtet durch einen andern Nachruf, diesmal in den Annalen von Loch Cé: Im J. 1519 starb „Mailin mac Torna úa Mhailconaire, *ollam* der Úi Muiredhaig, ein Mann voll Erfolg und Gelehrsamkeit, ein Mann, den die landfremden Geraldiner (gemeint sind die Fitzgerald, Anglo-Normannen, welche als solche den konservativen *filid* stets als „Fremde" galten) sogar dem *ollam* von Irland vorzogen, ein Mann, der jegliche Juwelen und Schätze von jedwedem Edelmann in Irland erlangen konnte, wenn er nur darum ansuchte, der aber auch vorbehaltlos weggab, was er erhalten hatte". Kein Wunder, daß zum Jahr 1415 geklagt wurde: „Die Saxon (Engländer) beraubten die Dichter Irlands." Der Reichtum half jedenfalls mit, in den gelehrten *filid* das Klassenbewußtsein vor allem gegenüber den niederen Schichten der Bevölkerung zu stärken.

Selbst die Schulen der *filid* trugen zu ihrem Standesbewußtsein bei. Wir entnehmen die folgenden Angaben den Memoiren des Ulick de Burgh (1604–1657), des fünften Earl und Marquis von Clanrickarde, die allerdings erst 1722

[107] *Douglas Hyde*, Irish Poetry, S. 103, Anm.

in London veröffentlicht wurden. „Was das Dichter-Seminar oder die Dichter-Schule betrifft, ... so war sie nur für solche offen, welche selbst von Dichtern abstammten (!) und innerhalb ihrer Verwandtschaft einen guten Ruf besaßen. Und so war es mit allen Schulen dieser Art in der (irischen) Nation. Ihre Zahl war ebenso groß wie die Zahl der Familien, welche diesem Beruf lebten ... Die Erfordernisse (für den Eintritt) waren, daß (der Kandidat) schon vorher gut lesen und in seiner Muttersprache schreiben konnte, und daß er ein gutes Gedächtnis besaß."

Die Tagesaufgabe bestand darin, daß die Studenten ein Gedicht machen mußten, dessen Thema, Anzahl der Reime und alle metrischen Qualitäten von einem Professor bestimmt wurden. Die Ausarbeitung geschah in größter Abgeschlossenheit, ohne Licht, nur mit Hilfe des Gedächtnisses; der Schüler lag bei der Ausarbeitung auf seinem Lager. Zur gegebenen Stunde mußte er dann sein Erzeugnis niederschreiben, damit es vom Lehrer kritisiert werden konnte.

Weitere Angaben des Marquis von Clanrickarde beleuchten ebenfalls das Klassenbewußtsein der *filid* und gleichzeitig ihre Stellung zu den Barden. Wenn der Sohn einer *filid*-Familie ein wohlgelungenes Preisgedicht auf seinen Mäzen fertiggebracht hatte, blieb als letzter Akt die feierliche Rezitation in Gegenwart des Gepriesenen. Dieser Akt „wurde mit viel Zeremonie und dem Zusammenklang von Vokal- und Instrumental-Musik vollzogen. Der Dichter selbst sagte nichts, sondern leitete nur (die Zeremonie) und trug Sorge, daß jedermann seinen Teil richtig ausführte. Nachdem die Barden zuerst seine Komposition von ihm erhalten hatten, lernten sie sie gut auswendig und trugen sie dann ordnungsgemäß vor, wobei sie Takt hielten mit einer Harfe, welche bei dieser Gelegenheit gespielt wurde"[108]. Der junge *fili* hielt sich für hoch erhaben über die Barden, welche ihm zu dienen hatten.

„Barden" werden in den „Mittelirischen Verslehren" genannt, die nach Thurneysen aus dem 9./10. Jh. stammen, ihre Stellung wird auch sonst noch in einer altirischen Abhandlung über die Dichter[109] und „Bardische Dichtung"

---

[108] Soweit nach dem Zitat bei *Kenney*, S. 36f. und *Corkery*, S. 67. Eine Beschreibung der schottischen *filid*-Schulen bei findet sich *M. Martin*, A Description of the Western Islands of Scotland, 2. ed. (London 1716) S. 115f. Vollständig ist die Beschreibung des Marquis von Clanrickarde abgedruckt in *O. Bergin,* Irish Bardic Poetry, S. 5–8, ebenso das Zitat aus *Martin*; beide Stellen in auszugsweiser deutscher Übersetzung auch bei *W. Meid*, Formen dichterischer Sprache im Keltischen und Germanischen, S. 16–18.

[109] *E. J. Gwynn*, „An Old-Irish Tract on the Privileges and Responsibilities of Poets", in: Ériu, Vol.XIII (1940 und 1942) S. 1–60, 220–236.

Irischer Dichter und sein hoher Gönner. Der Dichter,
der sein Gedicht selbst vorträgt, wird von einem Barden zur Harfe begleitet.
Irischer Stich des 16. Jahrhunderts.

wird in *Auraicept*[110] erwähnt. Alle drei Werke scheinen der gleichen Periode anzugehören, dem 9.–11. Jh., also der Wikinger- und Nachwikingerzeit. Nach dem Inhalt zu urteilen, handelt es sich stets um Leute, die wir im Einklang sowohl mit der dieser Periode vorausliegenden als auch der nachfolgenden Zeit als „*filid*“ bezeichnen. Woher das Schwanken in der Nomenklatur stammt, ist nicht geklärt, überall sonst wird zwischen den *filid* und den Barden ein Trennungsstrich gezogen.

[110] *Calder*, Auraicept, S. XX, 57, 65.

Calder urteilt: „(Die Barden) waren keine Professionisten (*unprofessional*) und mehr oder minder untrainiert; sie verwendeten aber eine große Zahl von Versmaßen (*metres*), mit welchen auch die *filid* vertraut sein mußten“. Und *Thurneysen* schreibt: „Die Barden, d. h. etwa Bänkelsänger, waren im irischen Mittelalter von den studierten *filid* geringgeschätzt; ihre Dichtung (sagen die *filid*) ist ohne gehörigen Bau, auch versehen sie kein eigentliches Amt; deshalb haben sie (für ihre Erzeugnisse) auch nur auf den halben Ehrenpreis Anspruch“[111]. In Handschriften des 12. Jh. und noch später steht eine Prophezeiung über düstere Zeiten: „*filid* werden ohne Kinder sein, so daß es überhaupt keine (gelehrten) Poeten mehr geben wird, sondern nur noch Barden.“ Gegen 1600 klagt ein *fili*, der übrigens Ferghal mac an Bhaird hieß, er habe in seinem Gefolge nicht einmal mehr einen Barden[112]. Demgemäß urteilt das *Dictionary of the Irish Language*: „Der *fili* hob sich in allen Perioden vom Barden ab, dessen Eignung und Stand tiefer war“[113]. Indem man in neuerer Zeit angefangen hat, die *filid* des Mittelalters als „ältere Barden“ zu bezeichnen im Gegensatz zu den wirklichen Barden (Sängern) des 17. und 18. Jh., hat man eine bedauerliche Unklarheit geschaffen.[114]

Überhebliches Standesbewußtsein verbot den *filid* nicht nur, in ihren Werken der Barden zu gedenken, sondern auch der Erzähler, welche im Volk tätig waren. Nie liest man, daß ein *fili* seine Heldensagen vor dem gewöhnlichen Volk vorgetragen hätte. Erst mit dem Untergang des *filid*-Standes gewinnen wir Einblick ins Volksleben. Rückschließend dürfen wir annehmen, daß es im Volk von jeher Erzähler gegeben hat, denen die alten Sagen und Geschichten in ihrer Weise vertraut waren, auch wenn sie sie nicht durch Schulung gelernt hatten. Neben ihnen wirkten die Barden als Sänger sowohl traditioneller wie auch improvisierter Lieder, wie das während der Periode der Fall war, die wir im zweiten Teil unserer Studie behandeln werden.

Trotz der ausgedehnten schriftlichen Tätigkeit der *filid* zeigen sie sich auch durch das ganze Mittelalter hindurch, soweit wir bisher sehen konnten,

---

[111] *Thurneysen*, Verslehren, S. 107.

[112] *Eleanor Knott*, Irish Classical Poetry, S. 54 f.

[113] Dict. of the Irish Language, s. v. *fili* (Dublin 1957).

[114] *O. Bergin*, Irish Bardic Poetry, S. 4 Fußnote, stellt fest, daß hierzu der im Englischen aufgekommene Sprachgebrauch beigetragen habe, den Dichter als „bard“ zu bezeichnen. Wo in bezug auf irische Verhältnisse von „Barden“ die Rede ist, sind daher meist die *filid* gemeint (neuir. *fileadha*), die sich selbst nie als Barden bezeichnet haben.

als gleichzeitig der Gedächtniskultur verhaftet. Ihre Kenntnis der Geschichte konnte nicht auf Archivforschung beruhen, weil es kaum irgendwo Archive gab. Sie mußten also mündliche Traditionen alten und neuen Datums sammeln. Dieses Traditionswissen, soweit es dem praktischen Leben diente, stand unter der schärfsten Kontrolle anderer *filid*, welche das gleiche Wissen oft in gegnerischem Sinn gebrauchten, z. B. in Rechtshändeln der adeligen Familien. Einen gewissen Einblick in die Gedächtniskultur gewähren auch die oben gebrachten Nachrichten über den Betrieb in den *filid*-Schulen. Noch deutlicher tritt die Gedächtniskultur aus den hier anzufügenden Beobachtungen hervor.

Auffallend ist, in welchem Ausmaß die *filid* des Mittelalters den Vers anwandten. Sie folgten dabei einer langgeübten Praxis. Ein gutes Beispiel dafür stammt aus dem Anfang des 9. Jh., ehe die Wikingereinfälle häufiger geworden waren. Damals verfaßte Oengus mac Oengoban, genannt der Culdeer (*Céli Dé*) sein Martyrologium, oder seinen Festkalender (*félire*), und zwar ganz in Versen. Auf 85 Vierzeiler des Prologs folgen 365 Vierzeiler für die Tage des Jahres und 141 als Epilog.

Von besonderem Interesse sind die Zeilen 73–84 des Epilogs[115]:

73. „Der Lauf, den wir gelaufen sind,
geschah aus Liebe zu Christi Königsherrschaft;
weil wir Bücher durchforscht haben,
enthält es (das Werk) viel Nutzbringendes.

77. Es ist nutzbringend für den Ungebildeten,
für den es ein Panzer der Frömmigkeit sein wird;
jede Gruppe singt es,
um die Feste anzuzeigen.

81. Und wenn jene, die es studieren, Gelehrte sind,
deren Bildung sich weithin erstreckt,
so gibt es darin manche entzückende Assonanzen,
die ihre Melodien erhöhen.“

Oengus, der nach seiner ganzen Bildung zu den *filid* zählte, weist zunächst hin auf vorausgehende Studien, die er gemacht hat. In der zweiten Strophe gibt er als erstes Ziel an, die Andacht des Volkes zu fördern. Er setzt voraus, daß

---

[115] *Stokes*, Martyrology of Oengus, S. 267. Die deutsche Wiedergabe folgt der englischen von Stokes.

die Ungebildeten den Vers für jeden Tag auswendig lernen, um ihn singen zu können. Da von einem Vorsänger nicht die Rede ist, scheint er vorauszusetzen, daß das Volk seinen Festkalender allmählich auswendig weiß[116]. In der dritten Strophe erfahren wir, daß er als zweites Ziel die Gelehrten im Auge hatte. Für sie hat er mit besonderem Bedacht für eine feine Metrik gesorgt; die Kunst der Metrik war die besondere Domäne der *filid*.

Nun sind aber Wissen und Poesie keine Geschwister. Nichts Poesieloseres kann es geben als die Vierzeiler des Oengus. Hier ein Beispiel. Der Vierzeiler zum 12. September lautet:

> „Feiert Ailbe's Fest
> mit Fled (einer hl. Jungfrau), der leuchtenden, lebensvollen,
> am Festtag des Laissrén, des Schönen
> vom bevölkerten Daminis.“

Daß es in Irland zu allen Zeiten echte Poesie gab, wurde bereits erwähnt; was aber die *filid* als Frucht ihrer Studien hervorbrachten, hält sich genau auf der Linie des Oengus. Ihre Verse „sind so trocken wie die trockensten Annalen und so weit entfernt von aller echten Poesie, als fehlerlose Verse überhaupt sein können“[117]. In diese Literaturgattung gehört, um nur weniges zu nennen, das „Gedicht“ von Máel Muru von Othain (gest. 887), worin er alle irischen Clane aufzählt und zur Einführung einen Überblick über die älteste Geschichte Irlands gibt[118]. Letzteres war Mael Murus Beitrag zur Synchronisierung (prätendierter) geschichtlicher Daten. Etwa im J. 982 schuf Airbertach mac Coisse einen Abriß der Geographie in Versen[119]. Diese Methode, gelehrte Werke in Versen zu verfassen, vererbte sich auf die nachfolgenden Jahrhunderte. Johannes Mór O'Dubhagain, der *ollam* der Familie O'Kelly in Úi Maine war, beschrieb in

---

[116] Gleiches setzt O'Gorman für seinen um 1166–1174 geschriebenen Festkalender voraus: „Mögen ihn die alten Leute aus den Büchern rezitieren; die jungen dagegen soll man anleiten, ihn auswendig zu wissen.“ Dabei besteht die Tagesstrophe aus 4–14 Kurzzeilen (*Whitley Stokes*, The Martyrology of Gorman, London 1895, S. XXX.).

[117] *Ryan* (II), S. 48. Wenn ein *fili* dichterische Inspiration besaß, um so besser; erwartet wurde solches jedoch nicht, sondern in erster Linie artistische Perfektion; so urteilt gerechter *Bergin,* Irish Bardic Poetry, S. 4.

[118] Vgl. *Thurneysen*, Sage, S. 58.

[119] *Kenney*, S. 682.

220 Vierzeilern die angesehensten Familien, welche zu seiner Zeit in Meath, Ulster und Connaught herrschten, und in vierzehn Vierzeilern jene von Leinster – dann starb er (i. J. 1372). Ein anderer gelehrter Historiker, Giolla na Naomh O'Huidhrin (gest. 1420), nahm den unterbrochenen Faden auf und fügte noch 192 Vierzeiler dazu, so daß wir dank des ganzen Werkes sehr gut über die damaligen regierenden Kreise unterrichtet sind[120].

Dieses Werk ist gleichzeitig ein Beleg dafür, daß Aufzählungen sehr beliebt waren. Man behandelte in Versen „die Schlachten, die ein König oder Stamm geschlagen hat, die Könige einer Landschaft, ... die Helden, die an einem Zug teilgenommen haben oder zu einem bestimmten Sagenkreis gehörten, oder ihre Frauen, die Leute, die an einem Ort begraben liegen ... nichts, was sich irgendwie aufzählen läßt, wird verschmäht"[121]. Das alles verstand man damals unter wissenschaftlicher Geschichtsforschung und -darstellung; manches davon, wie das Werk von O'Dubhagain und O'Huidhrin dient heute noch als erstklassige Geschichtsquelle. „Kein Volk auf dem ganzen Erdenrund war lebhafter interessiert an der Vergangenheit seines Heimatlandes als die Iren"[122].

Es ist leicht zu erraten, weshalb für derlei gelehrte Abhandlungen Verse und nicht Prosa gewählt wurde. Die *filid* wollten damit den Zweck erreichen, auf den Vers und Strophe ihrer Natur nach abzielen; Rhythmus und Reim dienten wie in den beiden oben erwähnten Festkalendern des Oengus und des O'Gorman dem gedächtnismäßigen Behalten des Inhalts. Hier kamen zunächst, wenn auch nicht allein, die Schüler der *filid* in Betracht. Darüber ist man sich einig. *Kenney* bemerkt zur Geographie von Mac Coisse: „Sie war offensichtlich gemeint als Text, den die Studierenden auswendig lernen mußten." Auch *MacNeill* sieht in der poetischen Form „das gewöhnliche Mittel für den gedächtnismäßigen Unterricht in den alten Schulen"[123], ebenso *Dillon*[124]. In den altirischen Klöstern gab man den Studenten Textbücher in die Hand (s. oben S. 28), doch wohl Bibeltexte, vor allem die Evangelien, die sie auswendig lernten. So benützten die späteren *filid* ihre geschriebenen historischen Erzeugnisse,

---

[120] *John O'Donovan,* The Topographical Poems of John O'Dubhagain and Giolla Na Naomh O'Huidhrin. Ed. with Translation, Notes and Introductory Dissertations (The Irish Archaeological and Celtic Society), Dublin 1862.

[121] *Thurneysen,* Sage, S. 56.

[122] *Quiggin,* S. 630.

[123] *MacNeill,* Celtic Ireland, S. 40.

[124] *Dillon,* Literature. S. 149.

welche die Studenten dem Gedächtnis einzuprägen hatten. Daß dies für das Geschichtsstudium galt, können wir nicht direkt nachweisen; es ergibt sich aber aus dem, was im nächsten Kapitel über das geschichtliche Wissen der *filid* zu sagen ist. Hingegen hat uns *Edmund Campion* aus dem J. 1571 als Augenzeuge folgendes über das Rechts- und Medizinstudium überliefert „(Die Schüler) beginnen als Kinder und setzen (ihr Studium) sechzehn oder zwanzig Jahre fort, indem sie durch Wiederholung die Aphorismen von Hippokrates und das Zivilrecht und ein paar andere Abschnitte dieser beiden Fakultäten auswendig lernen. Ich habe gesehn, wo sie in die Schule gehen, zehn in einem Raum, in dem sie auf Strohlagern liegen, ihre Bücher vor ihren Nasen, flach ausgestreckt daliegend, um so ihre Aufgaben Stück um Stück im Singsang herzusagen; es sind meist starkgebaute Burschen im Alter von fünfundzwanzig und darüber“[125].

Gegenüber der früheren Praxis war eine bedeutsame Änderung in der Lehr- und Lernmethode eingetreten. Wohl kannten auch die alten Klosterschulen Textbücher; man hat, wie gesagt, dabei wohl hauptsächlich an Evangelientexte zu denken, welche die Studierenden auswendig lernten. In der Hauptsache aber lernten sie durch das Hören dessen, was ihnen ihre Lehrer vortrugen. Jetzt wurde mindestens zum Teil auch das, was früher nur durch das Gehör aufgenommen worden war, gelesen. Das hatte seinen Grund einmal darin, daß sich die Zahl der jungen Leute, welche Lesen und Schreiben gelernt hatten, vermehrte und daß zu gleicher Zeit der Lehrstoff so anwuchs – man denke nur an die sich unheimlich entfaltenden Genealogien –, daß dem Lehrer nicht mehr genug Zeit blieb, alles mündlich, und zwar mindestens zweimal vorzutragen, damit die Schüler es sich ins Gedächtnis einprägten. Aber auch unter den neuen Verhältnissen blieb der wesenhafte Teil der Gedächtniskultur, daß das Wissen im Gedächtnis saß und großenteils immer noch nur auf mündlichem Weg andern mitgeteilt wurde. Das erklärt zum Teil, weshalb die *filid* so sehr die Versform pflegten und anwandten.

Sie verfolgten damit aber auch den Zweck der allgemeinen Publikation. Der Leserkreis war allerdings beschränkt und bestand praktisch nur aus

---

[125] Text bei *Kenney*, S. 35. *Campion* verfaßte seine „Historie of Ireland“, wie der etwas wegwerfende Ton verrät, ohne Sympathie für seinen Gegenstand, ganz unter dem Einfluß der irenfeindlichen Engländer von Dublin. Es fehlte ihm auch jede gründlichere Kenntnis. Später wurde er ernster, ein berühmter Verteidiger des katholischen Glaubens, und starb als Märtyrer den Tod eines Hochverräters auf Tyburn in London 1581. Wertvoll bleibt sein Bericht über das, was er gesehen und gehört hat.

den Standesgenossen, d. h. aus den andern *filid*, welche das nämliche Wissensgebiet pflegten. Ohne Zweifel wurden gelegentlich Abschriften der in Versen gehaltenen wissenschaftlichen Erzeugnisse angefertigt, aber es verlautet nirgends, daß sich die *filid* möglichst umfassende Sammlungen von Handschriften über ihr Fach gemacht hätten. Man las den Text und wußte ihn auswendig. Sollte das Gedächtnis einmal nachlassen, so wälzte man einen der Sammelcodices, in welchem er deponiert war. Das nächste Kapitel wird das deutlicher machen.

Über die Funktion der gelehrten Verse gibt uns schließlich ein Mann Aufschluß, welcher selber noch in der irischen Kultur von damals lebte. *Geoffrey Keating* (*Seathrún Céitinn*) hatte die Schulung eines *fili* durchmessen, war dann auf den Kontinent geflohen und dort Priester geworden. Trotz der Verfolgungsgesetze gegen die Kirche und die Priester kehrte er nach Irland zurück und wurde Pfarrer in Tubrid (County Tipperary). Er wurde den protestantischen Behörden angezeigt von einer Dame, die wähnte, er habe in einer Predigt gerade sie gemeint. Keating floh und lebte lang in einer Höhle, wo er sein Werk über die Geschichte Irlands begann. Dann aber zog er in Verkleidung auf und ab im Lande auf der Suche nach Dokumenten, wobei er bei Katholiken und Protestanten Schutz und Förderung fand. Er vollendete sein Werk vor dem Jahre 1634[126]. Er schreibt in der Vorrede seiner Geschichte Irlands:

„Wenn mir irgendwer als merkwürdig ankreiden sollte, daß ich als Beweis für die Geschichte viele Verse aus der alten Überlieferung anführe", so sei die Antwort diese, „daß die Verfasser der alten Überlieferung die gesamte geschichtliche Synthese in Gedichte gefaßt haben in der Absicht, daß auf diese Weise weniger Veränderungen an der Überlieferung vorgenommen werde, und auch, daß sie um so mehr von ihren Studenten auswendig gelernt werde. Eben weil der „Psalter von Tara" in Versen abgefaßt ist, wurde er das Standardwerk genannt… Und insofern in den Gedichten Bein und Mark der alten Überlieferungen steckt, halte ich es für zweckmäßig, mich bei meiner Behandlung der Geschichte darauf als auf eine Autorität zu stützen"[127].

Keating konnte nur deshalb in einer Fluchthöhle an seiner Geschichte arbeiten, weil ihm viele der alten Überlieferungen in Versen geläufig waren. Der „Psalter von Tara" ist bisher noch nicht gefunden worden. Er scheint eine

---

[126] *Hull*, II, S. 133–142.

[127] *Geoffrey Keating*, Forus Feasa ar Éirinn. The History of Ireland. S. 91.

Sammlung von in Versen abgefaßten Synchronismen, Genealogien, Königslisten u. dgl., angefangen von der Erschaffung der Welt, gewesen zu sein[128].

Vom modernen Standpunkt aus beurteilt, gebrach es Keating an kritischem Sinn, aber seine Methode war richtig. Denn die alten *filid* hatten ihr Bestes getan, um die alten Überlieferungen festzuhalten. Sie hatten aus der mündlichen Tradition geschöpft und sich deshalb der Versform bedient, weil sie wiederum die mündliche Tradition, jedenfalls das Wissen durch das Gedächtnis stützen wollten. Keatings Worten ist zu entnehmen, daß er diese Gedichte auswendig kannte. Er richtete sich in seiner Geschichte aber an Kreise, denen das Zitieren von Versen als Beleg für geschichtliche Behauptung merkwürdig vorkam, die somit außerhalb der irischen Gedächtniskultur standen. Keating dagegen war sowohl ein Mann der Gedächtniskultur wie auch der Schriftkultur und insofern ein Vertreter der Gebildeten seines Volkes, als es auf der Höhe seiner heimischen Doppelkultur stand.

Wir wenden uns nun den Prosawerken der *filid*-Epoche zu. Wir beschränken uns dabei auf die geschichtlichen Überlieferungen, wie *filid* Geschichte betrachteten, also auf die Sagen, die halb- und ganzhistorischen Stoffe. Wie bei Keating finden sich in den Annalen öfters Verse alter Autoren als Beweise für das, was in Prosa gesagt wird. Aber in Kompositionen, welche der Unterhaltung dienten, war nach allgemeiner Auffassung der Fachgelehrten das Erstgegebene der Prosatext, während die Verse daraus abgeleitet sind. Dillon weist auf eine besondere Funktion solcher Verse hin. Sie treten dort auf, wo es gilt, die Gefühlswirkung der Erzählung zu erhöhen, was für gewöhnlich so geschieht, daß die Verse einer Person der Erzählung, nicht dem Erzählenden in den Mund gelegt werden[129]. Der Prosatext war in vielen Fällen nicht als Lesestoff im gewöhnlichen Sinn gedacht. Die Sagen, deren Stil bisweilen noch aus dem 7. bis 10. Jh. stammt, sind oft „in kurzen, abgerissenen, notizartigen Sätzen" gehalten und bilden „vorwärtsstürzende, sprunghafte Erzählungen". So *Thurneysen*[130]. Hier als Beispiel der Anfang der Sage von Cú Chulinns Empfängnis:

„Conchubur und die Edeln von Ulster waren in Emuin. Vögel pflegten ein Feld vor Emuin zu besuchen. Sie fraßen es ab und ließen selbst nicht die Wurzeln der Gräser und Kräuter im Boden. Es verdroß die Ulter, sie ihr Land

---

[128] Vgl. *O'Curry* S. 12, den Text nach dem Buch von Ballymote S. 496f.

[129] *Dillon*, Literature, S. 2.

[130] *Thurneysen*, Sage, S. 59–60.

verderben zu sehen. Sie spannten eines Tages neun Streitwagen an, um sie zu jagen; denn das Hetzen von Vögeln war Sitte bei ihnen. Conchubur war damals auch in seinem Wagen, und seine Tochter Deichtine – sie war in mannbarem Alter – war die Wagenlenkerin ihres Vaters. Die übrigen Wagenfahrer der Ulter (waren) in ihren Wagen, nämlich Conall und Loeguire… Auch Bricriu war bei ihnen“[131]. Diese Schreibart findet sich in Sagentexten oft; auch im „Rinderraub von Cuailgne“ gibt es Teile, die „nur kurz erzählt werden, ja nur den Eindruck einer Epitome machen“[132].

Für einen Leser sind derlei Partien sehr unbefriedigend und für einen Vortrag überhaupt ungeeignet. Alles ist trocken, ja abgehackt; es fehlt an Leben und Farbe, welche aus den einzelnen Elementen ein Ganzes machen. Gerade das würde man aber von einer vorgetragenen Geschichte erwarten. Thurneysen meinte zwar, man habe früher in dieser abrupten und unzusammenhängenden Weise vorgetragen, aber das ist für keine Periode anzunehmen. Ohne Zweifel entspringt diese verkürzende Form einer bestimmten Absicht. Wer die verkürzte Geschichte schon kannte, lebensvolle Frische von der vorliegenden Form nicht erwartete, sondern sie aus eigenem zum trockenen Gerippe hinzugeben konnte, wurde durch dieses nicht enttäuscht; für Menschen dieser Einstellung war die Kurzform offenbar berechnet. Das heißt aber: Hier liegen gewollt skizzenhafte Verkürzungen vor, welche den Wissenden zur Auffrischung ihres Gedächtnisses dienen sollten; es waren Gedächtnisbrücken zu weiterem, mündlichem Vortrag durch die *filid*.

Einer der besten Kenner der irischen mündlichen Tradition und ihrer Technik, *J. H. Delargy*, urteilt über den verkürzenden Stil folgendermaßen: „Die literarischen Sagen in der Form, wie sie uns in den Pergamenthandschriften des 12. bis zum 15. Jh. aufbewahrt sind, stellen in Wirklichkeit nur verkürzte Geschichten dar, welche das wesentliche Rahmenwerk und die wesentlichen Einzelheiten enthalten, die der Erzähler entfaltet, wenn er die Erzählungen vor einer Zuhörerschaft vorträgt. Keine mittelalterliche Zuhörerschaft mit ihrem geschärften Sinn für eine gute Erzählung, der im achten Jahrhundert ebenso ausgesprochen war wie heutzutage, hätte sehr lang dem Erzähler zugehört, wenn er Erzählungen in der Form vorgetragen hätte, wie sie auf uns gekommen sind. Einige dieser handschriftlichen Erzählungen würden einen Leser oder Vortragenden nicht länger als fünfzehn oder zwanzig Minuten

---

[131] *Thurneysen*, Zu irischen Handschriften, S. 38 f.

[132] *Windisch*, S. LX. Vgl. dazu *Quiggin* 626.

beanspruchen"[133]. *Myles Dillon* ist der gleichen Auffassung. So ist „Die Eroberung des Feenhügels" (*De Gabáil int Sída*), wie sie im Buch von Leinster (12. Jh.) lautet, „eine bloße Anekdote, in der vorliegenden Form viel zu kurz für die Rezitation vor einer Zuhörerschaft"[134]. Und allgemein sagt er, wo er vom „Tragischen Tod von Aifnes einzigem Sohn" (*Aided Oenfir Aifne*) handelt: „Der irische Text ist sehr kurz, so kurz, daß wir voraussetzen müssen, daß die handschriftlichen Versionen dieser Erzählungen nur als Umrisse dienten, welche die Rezitatoren im Verlauf ihres Vortrags entfalten konnten"[135].

Diese Beobachtungen – der abgehackte Stil, die allzu große Kürze der Sagen, die Eignung als Gedächtnisstütze – führen zu einer wichtigen Erkenntnis. Nicht nur durch die Anwendung der gelehrten Verskunst, sondern auch durch solche Prosastücke diente die irische Schriftkultur des Mittelalters der älteren Gedächtniskultur. Das Niedergeschriebene stammte aus der mündlichen Überlieferung und diente wiederum zu weiterer mündlicher Überlieferung. Die Schriftkultur ersetzte wohl teilweise die Gedächtniskultur, verdrängte sie aber nicht völlig, jedenfalls nicht im Mittelalter. Denn indem etwas niedergeschrieben wurde, machte man es nicht zum allgemeinen geistigen Eigentum. Was bisher mündlich tradiert wurde, wurde ungeachtet der Niederschrift weiter mündlich tradiert. Das Niedergeschriebene bot sich dar als Stütze für das Gedächtnis, dieses blieb die Heimatstätte des mündlich Überlieferten, wie es die Sagen waren.

Noch ein anderer Zug in den handschriftlichen Formen der Sagen stellt diese in Beziehung zur mündlichen Tradition. „Kürzere oder längere Beschreibungen von Gegenständen und Situationen (bzw. von öfters wiederkehrenden Handlungen) finden sich ziemlich wörtlich in den verschiedensten Texten der alten Heldensage"[136]. Solcher Art ist die Beschreibung der Pferde des Cú Chulinn, des Hauptheldendem im „Rinderraub von Cuailgne" und in den Sagen des sog. Ulster-Zyklus überhaupt, ferner die Beschreibung seiner Waffen, seines Streitwagens, des Heranrückens der Feinde und ihres Angriffes. Das sind nur einige Situationen, die in den verschiedensten Texten ziemlich ähnlich, in manchen Einzelheiten gleich erzählt werden. Ihre oft bis zur Wortgleichheit gehende Ähnlichkeit legt nahe, daß in diesen Erzählungsstücken nicht

---

[133] *Delargy*, The Gaelic Story-Teller, S. 32.

[134] *Dillon*, Literature, S. 53.

[135] ib. S. 16.

[136] *Zimmer*, S. 69.

ein schriftstellerisch geübter Autor am Werk war, sondern daß sie von der mündlichen Wiedergabe her zu deuten sind. Das Gedächtnis wirkt wie alles andere nach der Regel des geringsten Widerstandes oder der geringsten Mühe. In unserm Fall formte der Rezitator einer Sage seine Worte nicht aufs neue, wenn er etwas wiederholte, was er schon bei andern Gelegenheiten mündlich geprägt hatte. Jene, welche diese Traditionsstücke ohne Abkürzung niederschrieben, gaben auch diese oft in gesteigertem Tempo vorgetragenen stereotypen Passagen wieder, wie sie sie vernommen hatten. Es fehlte ihnen dabei jede literarische Ambition; aus der mündlichen Überlieferung hatten sie das Stück empfangen und für weitere mündliche Überlieferung zur Stütze des Gedächtnisses niedergeschrieben. Das wird bestätigt durch das, was wir am Ende des „Rinderraubes von Cuailnge“ lesen: „Segen über jeden, der die *Táin* treu so im Gedächtnis bewahren und ihr keine andere Gestalt darüber hinaus geben wird“[137].

Die ältere Stilperiode wurde von einer andern abgelöst, in welcher der Stil besser ausgebaut war, so daß man von der „besten Periode der irischen Prosa“ sprechen kann[138]. Eine Beziehung des so Geschriebenen zur Gedächtniskultur tritt nicht zutage.

Umso eher kommt eine dritte Stilperiode für uns in Betracht. Sie hebt mit dem 11. Jh. an und wird als die Periode des „geschwollenen“ Stils bezeichnet[139]. „Namentlich die Erzählungen des 13.–15. Jh. sind voll von diesem Wortgeklingel, das besonders in Häufung von Synonymen und Aneinanderreihung alliterierender Beiwörter besteht“[140]. Diese Anhäufungen sind unmotiviert und enthalten mitunter sogar einander widersprechende Adjektive. Dieser Stil war sehr verbreitet, von der Alexandersage im 11. Jh. bis zur „Schlacht von Ventry“ (*Cath Fintrága*) aus dem 14. oder 15. Jh. Er war so sehr Mode, daß er sogar seinen Weg in die Annalen von Loch Cé fand. Zum Jahre 1256 schreiben sie: „Der Angriff wurde grimmig, ernsthaft, wütend, wild, unwiderstehlich durchgeführt“, im irischen Wortlaut *„dúr, díchra, dássachtach, clicheillid, dosmachtaighthi“*. *Standish Hayes O'Grady* zitiert ein Beispiel aus der Klage der Tochter Golls mit 41 Adjektiven. Die sind in der Weise in Gruppen angeordnet, daß jede Gruppe durch die Verschiedenheit

[137] *Windisch*, S. 910.

[138] *Hull*, I, S. 94.

[139] „turgid“, ib. S. 95.

[140] *Thurneysen*, Sage, S. 60; vgl. S. 54–56.

in der Alliteration zusammengehalten wird. Die Logik des Inhalts stand dabei nicht zu Gevatter. O'Grady bemerkt dazu: „Wir müssen uns daran erinnern, daß diese Geschichten nicht verfaßt und rezitiert wurden, nur um dem Geist zu gefallen, sondern auch dem Ohr“[141]. *Flower* spricht in gleichem Sinn: Solche Kompositionen seien darauf angelegt, rezitiert zu werden[142].

Das ist aber nicht die volle Erklärung. Daß sich der „geschwollene“ Stil in ernsten Werken wie in den Annalen und im „Triumph des Turloch“ findet, macht ihn zur eigentlichen literarischen Mode; daß er aber in weit stärkerem Maß in belletristischen Werken wie in der Alexandersage und in der „Schlacht von Ventry“ auftritt, weist wohl auf den gedächtnismäßigen Vortrag hin. *P. W. Joyce* spricht aus eigener Erfahrung, wenn er den neuzeitlichen Geschichtenerzähler beschreibt: „Er wußte die Geschichte auswendig und trug die Worte aus dem Gedächtnis vor; dabei glitt er oft in eine Art musikalischer Deklamation (*recitative*) bei poetischen Partien, oder wenn er zu einer ihm besonders zusagenden gehobenen Beschreibung kam, mit einem Überschwall an volltönenden alliterativen Adjektiven“[143]. Das letztere ist offenbar dasselbe wie der oben genannte „geschwollene“ Stil; seine Bestimmung lag im gedächtnismäßigen Vortrag. Auch *Delargy* beurteilt ihn in gleicher Weise: „Die überreichen alliterierenden Adjektive ertönten wie im Reigen von den Lippen des geübten Geschichtenerzählers mit der Wirkung, daß sie einen tiefen Eindruck in der ungebildeten Zuhörerschaft hinterließen; denn übertriebene Rhetorik besaß für sie vor tausend Jahren wie heute noch etwas Anziehendes und gefiel immer aufs neue“[144]. Wurden Geschichten mit diesem Stil vor Jahrhunderten niedergeschrieben, so geschah das vermutlich ebenfalls wie die verkürzte Darstellung, um weiterem mündlichen Vortrag eine Stütze zu bieten.

Wir glauben, für die am Anfang dieses Kapitels gestellte Frage eine Antwort gefunden zu haben. Die Gedächtniskultur lebte nicht nur durch die Barden und Geschichtenerzähler unter den gewöhnlichen Leuten weiter, sondern auch bei den aristokratischen Dichter-Gelehrten. Das ergab sich aus der Gedichtform gelehrter Inhalte und aus zwei verschiedenen Erzählungsstilen, dem älteren skizzenhaften und dem jüngeren „geschwollenen“ oder überschwänglichen. Die *filid* haben ihre ererbte Gedächtniskultur in der dazugekommenen Schriftkultur

---

[141] *Standish Hayes O'Grady*, The Pursuit after Diarmuid O'Duibhne, and Grainne, S. 33 f.

[142] *Flower*, Vorwort zu Caithréim Thoirdhealbhaigh, I, S. XIV f.

[143] *P. W. Joyce*, Old Celtic Romances, S. IX.

[144] *Delargy*, S. 32.

nicht untergehen lassen, sondern in vielen Stücken die Schriftkultur der Gedächtniskultur dienstbar gemacht. Der stetig angewachsene und anwachsende Stoff belastete allmählich auch das beste Gedächtnis über seine Leistungsfähigkeit. So wurde die Schrift zunächst das Mittel für das Lernen. Die Schüler lernten jetzt auch durch das Auge. Ob und wie weit daneben der Vortrag des Lehrens das Mittel zum Lernen blieb, läßt sich nicht sagen, es läßt sich aber auch nicht ausschließen. Sicher wurde aber die Schrift gleichzeitig als Stütze für die Gedächtnisüberlieferung verwendet.

5. Das Ende der irischen Doppelkultur

Wenn man die Annalen Irlands durchliest, ist man erstaunt darüber, daß trotz fast ununterbrochener Fehden zwischen den großen und kleinen Machthabern Wissenschaft und Kunst in Blüte standen. Das wurde leider anders, als eine Macht, die rassisch, kulturell und religiös vom Irentum verschieden war, allmählich die Geschicke Irlands in die Hand bekam. Vom 16. Jh. an wurden die irischen Adelsfamilien mehr und mehr entrechtet, was zu Aufständen und blutigen Gegenmaßnahmen führte. Dazu kam seit Heinrich VIII. von England (1509–1547) die Unterdrückung der Klöster, mit Elisabeth I. (1558–1603) die Ächtung der Priester, das Verbot der Messe und die Drosselung des katholischen Schulwesens. Die dadurch erzeugte Spannung führte zum großen Aufstand unter Hugh O'Neill und dem „Roten“ Hugh O'Donnell; er endete mit der Niederlage von Kinsale (1601) und der „Flucht der Earls“ (1607), als 99 Führer des Volkes nach dem Kontinent flohen. Damit war der Zusammenbruch der alten irischen Ordnung und Kultur besiegelt.

Eine Anzahl *filid*, welche die Sachlage erfaßten, verwendeten alle Mühe darauf, das Erbe der Vorzeit den kommenden Geschlechtern zu sichern, wenn es auch unmöglich war, darauf weiterzubauen. Hierhin gehört Geoffrey Keating (gest. ca. 1646), von dessen großer Geschichte Irlands bereits die Rede war (s. S. 45). Sodann ragte eine Gruppe von Mitgliedern des Franziskanerordens hervor, der seit Jahrhunderten festen Fuß im irischen Volk gefaßt hatte. Sie sammelten und kopierten alte Handschriften und arbeiteten dann in ihrem bereits einmal gestürmten und halb zerstörten Kloster in Donegal die vollständigsten aller irischen Annalen aus, die unter dem Namen „Annalen der Vier Meister“ bekannt sind. Diese Minderbrüder stammten aus alten *filid*-Familien, waren als *filid* geschult und dazu gewandte und eifrige Kopisten von Handschriften. Der berühmteste unter ihnen war Michael O'Clery (1575–1643). Diese Gruppe floh schließlich nach Löwen, wo sie ihre Tätigkeit mit gerettetem Material und ihrem immensen Wissen fortsetzten. Ein anderer nach Löwen geflohener Franziskaner war Johann Colgan, der in seinen lateinisch verfaßten hagiographischen Werken ein staunenswertes topographisches und historisches Wissen bekundet.

Ein späterer Zeitgenosse dieser Ordensmänner, ein Laie, lebte und wirkte in Irland, Duald Mac Firbis, in Handschriften An Dubhaltach Mac Fir-Bhisigh genannt; später schrieb er sich Dudly Firbisse. Für ein paar Jahre lehrte er an einer Schule in Galway, wo er sein berühmtes, aber bis heute noch nicht gedrucktes Hauptwerk „Buch der Genealogien" vollendete (1650). Unter seinen andern Werken zählt *Kenney*[145] auf: Abhandlungen über irische Schriftsteller, Listen von Bischöfen und Bistümern, Glossarien, ein Martyrologium, Gedichte, dazu Abschriften und Übersetzungen alter irischer Schriftwerke. Er erreichte ein hohes Alter und wurde eigentlich mehr zufällig (i. J. 1670) ermordet.

Mac Firbis hat für unsere Studie eine besondere Bedeutung. „Er war der letzte in einer Erblinie von Geschichtskennern"[146] und „der letzte große Geschichtskenner, der noch in den alten irischen Schulen trainiert worden ist"[147]. Seine Vorfahren waren die Familien-*filid* der O'Dowd (County Sligo) gewesen, für welche die Familie der Mac Firbis das Große und das Gelbe Buch von Lecan geschrieben haben (s. oben S. 42, 48). In der Einleitung zu seinem Werk über die Genealogie hat er uns ungeahnt und ungewollt einen Einblick gewährt in das eng verbundene Wirken der Gedächtniskultur und der Schriftkultur, die er beide in vollstem Sinn sein eigen nennen durfte.

Den alten Sagen zufolge hatten die einwandernden Iren, die Goídel, bereits ansässige oder später ebenfalls eingewanderte Völkerschaften unterworfen, die dann untergingen. Vielleicht war die wirkliche Geschichte nicht ganz so verlaufen; auf jeden Fall blieb an jenen Völkerschaften im Empfinden der späteren Geschichtskundigen ein Makel haften. Darum fühlte sich Mac Firbis veranlaßt, sich zu entschuldigen, daß er sie dennoch nenne: „Obwohl sie verschwunden sind, kann ich es mir doch nicht versagen, jede ihrer Gruppen zu nennen, die in Büchern (!) oder in Gedichten (!) zu meiner Kenntnis gekommen sind"[148]. Diese Unterscheidung ist höchst merkwürdig, ja heutzutage geradezu unmöglich. Wollten wir uns auf Gedichte als auf Quellen

---

[145] *Kenney*, S. 45.

[146] *MacNeill*, Celtic Ireland, S. 5.

[147] *Kenney*, S. 45.

[148] Genealogical Tracts I, S. 74.

geschichtlicher Ereignisse berufen, so müßten diese Gedichte, wenn aus alter Zeit stammend, schriftlich belegt sein, und ihrem Inhalt würde man auch nur dann volles Vertrauen schenken, wenn er von andern schriftlichen Quellen beglaubigt wäre. Zugrunde liegt dieser unserer Haltung ein wohlbegründetes, tiefes Mißtrauen gegen die Treue unseres Gedächtnisses.

Bei Mac Firbis und seinesgleichen war das nicht der Fall. Sie lasen nicht nur die alten Schriften, sondern lasen sozusagen auch in ihren Gedächtnissen die dort längst eingeprägten Texte von Gedichten, deren Wortlaut ihnen so gegenwärtig war wie das Geschriebene. Dabei ging es nicht etwa nur um Sprichwörter oder sonstige kurze Stücke, sondern um Dichtungen mit hundert Strophen und mehr. Schon vor der zitierten Bemerkung hatte Mac Firbis Stücke aus Gedichten angeführt, nachher folgen 39 Strophen eines solchen. Er hatte keine Angst, er könnte sich durch fehlerhafte Anführung des Textes bloßstellen, obschon er wußte, daß die andern Geschichtskundigen, für die er schrieb, die gleichen Gedichte auswendig kannten. Darum konnte er es damit bewenden lassen, daß er oft nur auf den Anfang eines Gedichtes hinwies, auf dessen Wortlaut und Inhalt es ankam; seine Leser würden es genau kennen[149]. Es wäre sehr interessant zu wissen, wieviele Gedichte er und seine gelehrten irischen Zeitgenossen auswendig wußten. Nach Analogien zu schließen, welche im zweiten Teil unserer Studie zu erwähnen sind, hätte er unsere Frage wohl selber nicht beantworten können.

Mac Firbis war nach dem Gesagten ein Mann, der sowohl die lateinisch-irische Schriftkultur sein eigen nannte wie auch die irische Gedächtniskultur. In dieser Doppelkultur hatten die irischen Gelehrten gelebt und gewirkt bis in die Tage Mac Firbis'; dann starb sie. Es geschah nicht durch inneren Zerfall der Doppelkultur, sondern durch äußere Einwirkungen. Geschwächt durch die Truppen Cromwells (1649–1658), durch Hunger und Seuchen, griffen die Iren dennoch zugunsten Jakobs II. von England zu den Waffen (1685–1688). Aber sie verloren den Krieg gegen die Truppen Wilhelms von Oranien in den Schlachten an der Boyne (1690), bei Aughrim und Limerick (1691), von wo gegen elftausend irische Soldaten nach Frankreich übersetzten.

Durch diese Schicksalsschläge war das Volk so geschwächt, daß es die irenfeindliche englische Regierung durch die sogenannten *Penal Laws*, die Strafgesetze, auf den Stand des niedrigsten Helotentums hinabdrücken konnte. Wer seinem katholischen Glauben treu blieb, erhielt keinen Zutritt zu einer

---

[149] ib. S. 62.

staatlichen Stellung oder zur Armee. Katholischer Gottesdienst, abgehalten durch kirchentreue Priester, war verboten; der Besuch höherer Schulen war den katholischen Iren verboten; selbst Kinder zu unterrichten, war Katholiken verboten; nur protestantische Lehrer durften es tun, und zwar zum Zweck des Protestantisierens. „Die Gesetzgebung bezüglich der katholischen Erziehung kann kurz zusammengefußt werden: Sie bedeutete eine allgemeine, uneingeschränkte und unbegrenzte Proskription" – so der Protestant *Lecky*[150]. Zur allgemeinen Entrechtung der katholischen Iren gehörte vor allem auch, daß sie, von wenigen Ausnahmen abgesehen, keinen Grund und Boden, und wäre es noch so wenig, zu dauerndem Besitz erwerben konnten[151]. Die Iren wurden rechtlos, besitzlos und, nach der Absicht der Machthaber und Gesetzgeber, auch kulturlos.

Dem feindlichen Druck widerstand natürlich die Religion. Es gab nicht wenige Adelshäuser, welche ihre angestammte katholische mit der anglikanischen Konfession vertauschten, um ihre Ländereien nicht zu verlieren. Aber im Volk vertiefte die Verfolgung nur noch das religiöse Empfinden. Das Volk wollte seine Messe und seine Priester haben und tat darum alles, um seinen Kindern die unumgängliche Schulbildung zu ermöglichen, damit einige aus ihnen den Weg zum Priestertum finden möchten. Wäre dieses Grundstreben nicht durch die trübsten Zeiten hindurch wirksam gewesen, so hätte sich längst nicht so viel von der irischen Kultur in die Neuzeit hinein gerettet, als tatsächlich der Fall war.

Verfolgung und Unterdrückung im Bereich der Kultur hatte dort vollen Erfolg, wo die Kultur von finanziellen Bedingungen abhängig war. Das fühlten die *filid*, als sie ihre vermögenden Patrone verloren, sei es in den Kämpfen, sei es durch die „Flucht der Earls", sei es durch deren Verfolgung und Beraubung. Auch sie selbst waren das Ziel der Verfolgung. Als die Träger der irischen Kultur und darum als geschworene Feinde jeder Fremdherrschaft waren die „Reimer" den Engländern besonders verhaßt; manche wurden getötet, alle wurden ihrer Habe beraubt. Sie sanken von der Stellung der einflußreichsten Volksgruppe auf die niedrigste Stufe der sozialen Ordnung hinab; manche mußten ihr Leben als verachtete „spalpeens" fristen, als ungelernte Gelegenheitsarbeiter.

Trotzdem versuchten sie, so viel wie möglich vom alten Kulturgut der Nachwelt zu erhalten. Zunächst waren manche von ihnen bestrebt, ihr eigenstes

---

[150] *Lecky*, A History of Ireland, I, S. 148.

[151] Zur sozialen und wirtschaftlichen Gesetzgebung siehe *Lecky*, S. 136–190.

Gut, die hohe Verskunst, weiter zu pflegen. Von Zeit zu Zeit versammelten sie sich an verschiedenen Orten im Geheimen zu dem, was wir vielleicht als „Gerichtshöfe der Poesie“ bezeichnen können[152]. Ein solches Treffen wurde in Blarney (bei Cork) bis 1762, im Norden Irlands bis ins 19. Jh. fortgesetzt[153]. Aber man merkte bald, daß mit den alten, gelehrten Versen beim Volk nicht anzukommen war, und um leben zu können, konnte man der Beihilfe des Volkes nicht entraten. Wohl oder übel mußte man die Wege der Barden, der Volkssänger gehen. Denn eines vermochten die Unterdrücker der irischen Kultur nicht zu erreichen sie konnten den Quell der Dichtung im Herzen des Volkes nicht zum Ersticken bringen. Manche ergreifende Dichtungen sind aus den Jahren der Strafgesetze erhalten geblieben; aber vieles ist hier noch zu sammeln und zu sichten.

Auf die *filid* geht es sodann zurück, daß sich im Volk eine merkwürdige Liebe zu Handschriften erhielt. Man entdeckte solche selbst bei armen Bauern, die weder lesen noch schreiben konnten. Sehr viele Handschriften sind auf diese Weise erhalten geblieben, Kraut und Unkraut, das großenteils noch der Untersuchung harrt. Die *filid* hatten nämlich auch die Kunst des Abschreibens den nachfolgenden Generationen erhalten. Vor anderthalb Jahrhunderten schätzte der gelehrte O'Curry, daß „die unzähligen Papierhandschriften (im Unterschied zu den alten Pergamenthandschriften), die hauptsächlich aus dem frühen 18. Jh. stammen, nicht weniger als 30.000 Seiten füllen würden“[154]; so eifrig wurde damals abgeschrieben.

Diesen Rinnsalen der alten Kultur kam zugute, daß das Volk trotz seiner unsagbaren Erniedrigung seinem Trieb nach Wissen und Bildung in den erbärmlichsten Verhältnissen nachzukommen suchte. Es geschah hauptsächlich, weil es unbedingt Priester haben wollte. Es ist wohl eher diesem Trieb als der unmittelbaren Einwirkung der noch überlebenden *filid* zu danken, daß im Geheimen auf und ab im Land Schulen entstanden. Sie waren freilich davon abhängig, ob sich katholische Lehrer finden ließen, die der Arbeit gewachsen waren. Es waren jeweils nur kleine Grüpplein von Kindern, die zu diesem Zweck gesammelt werden konnten. Man nannte diese Schulen „Hedge Schools“, Heckenschulen. Der Name verrät, daß sich diese Grüpplein an regenlosen Tagen hinter irgend einer der Tausenden von dichten Hecken

---

[152] „Courts of Poetry“.

[153] *Corkery*, Hidden Ireland, S. 106–121

[154] Zitiert bei *Quiggin*, S. 642.

zusammenfanden, mit denen das Land heute noch bestanden ist. Hier lernten sie notdürftig lesen, schreiben und rechnen; denn gerade letzteres gab den Kindern günstigenfalls die Möglichkeit, als arme Schreiberlein angestellt zu werden; Staatsstellen waren es nicht. An diesen Schulen gebrach es an Büchern und Schreibmaterial, das Gedächtnis mußte den Ersatz leisten. Dafür gab es des öftern ausgestellte Wachposten, welche die Annäherung verdächtiger Personen, Engländer oder Spione, zu melden hatten, vor denen man sich zerstreute. An den nicht gerade seltenen Regentagen, wegen derer Irland bekannt ist, flüchtete man sich, soweit dazu Gelegenheit war, in kleine, elende Hütten. Der Protestant *Croker* beschreibt eine solche nach dem Augenschein als „eine miserable Wohnung in einem Erdgraben, aus Erdschollen aufgeführt und mit Dreck zusammengemauert, kaum einer menschlichen Behausung gleich“[155].

Der Bestand dieser Schulen hing auch davon ab, ob die nichtkatholische Obrigkeit die Strafgesetze urgierte oder nicht, oder ob es der Findigkeit der Bevölkerung gelang, sie zu täuschen. Natürlich waren diese Schulen nicht organisiert, sie entstanden oder gingen ein je nach den Umständen. Bemerkenswert aber ist, daß sich im Jahre 1731 der protestantische Bischof von Armagh in einem Report an die Regierung darüber aufregte, daß nicht weniger als 549 „popish schools“ (papistische Schulen) zu seiner Kenntnis gekommen seien[156].

Aus diesen Heckenschulen gingen jene jungen Leute hervor, welche dann von einem Priester Latein und Griechisch lernten, um im Geheimen in die Seminarien nach Frankreich und Spanien zu reisen und dort weitere Ausbildung und die Priesterweihe zu empfangen. Im Geheimen kehrten sie nach Irland zurück, obwohl ein Preis auf ihren Kopf gesetzt war. Erst gegen 1780 hin kamen die *Penal Laws* allmählich außer Anwendung.

Als letztes Element, welches auch den Ärmsten im Volk mit der Vergangenheit verband, sind die Geschichtenerzähler zu erwähnen (*shanachies*). Solche hatte es, wie früher bemerkt, seit urvordenklichen Zeiten gegeben. Sie hatten ihre Geschichten nicht von den *filid* gelernt und bezogen sie auch nicht aus Handschriften. Sie lebten ganz in der Gedächtniskultur. Die Not jener Jahrhunderte und das absolute Dunkel der Zukunft erhöhte das Interesse des armen Volkes an der alten Geschichte, oder an den alten Geschichten, an

---

[155] *T. Crofton Corker*, Researches, S. 335.

[156] *T. Corcoran*, State Policy in Irish Education, S. 106.

die man unfraglich glaubte. In diesem Rinnsal vererbte sich ein Teil der alten Gedächtniskultur bis in unsere Tage. Dieser Seite der mündlichen Überlieferung sind die folgenden Kapitel gewidmet.

II. Die mündliche Tradition in neuerer Zeit

Was wir auf den folgenden Seiten beschreiben möchten, ist jener Teil der irischen Gedächtniskultur, an welchem das gewöhnliche Volk seit urvordenklichen Zeiten Anteil genommen hat. Alles, was gelehrten Charakter hatte, lag jenseits dieser Sphäre, so daß wir fortab nicht mehr von der Gedächtniskultur schlechthin sprechen können; es handelt sich nur um einen Ausschnitt daraus. Dieser Ausschnitt aber überlebte den Untergang der irischen Doppelkultur und reichte, oder darf man sagen, reicht bis in unsere Tage hinein. Die mündliche Überlieferung ist heute im irischen Volk so stark zurückgegangen, daß man nicht recht weiß, soll man davon als von etwas noch Existierendem oder von etwas Vergangenem sprechen. Um auch dem Rest des alten Herkommens gerecht zu werden, sprechen wir im folgenden im Präsens, denken aber dabei nicht so sehr an die weißen Häuschen mit den Gärtchen davor, die man heute allenthalben antrifft, als vielmehr an die grauen, armseligen, zum Teil zerfallenden Hütten, wie man sie vor 1922 sah.

Das Interesse, welches das Irisch sprechende Volk an seiner mündlichen Tradition hat, entspringt dem Bedürfnis nach Unterhaltung. Daß es aber gerade diese Art von Unterhaltung vorzieht, muß im tiefsten Wesen der irischen Seele begründet sein. Man wird hier an die starke Verbundenheit mit der Vergangenheit zu denken haben. In dem Maß, in welchem der moderne Ire aus dieser Verbundenheit herauswächst, hört er auf, ein echter, keltischer Ire zu sein. Es mag bedauerlich sein, daß sich die Dinge hier wandeln, aber es ist unabweislich und niemandes Schuld.

Den Inhalt der irischen Volksüberlieferungen bilden Mythen, aber überwiegend Erzählungen in geschichtlicher Form, seien es Heldensagen oder lokalgeschichtliche Stoffe. Zu den Heldengeschichten gehören die Sagen des Ulster-Zyklus um Cú Chulinn als Mittelpunkt, und der Oisín- (schottisch: Ossian-) Zyklus um den Sagenhelden Finn (oder Fionn) mac Cumhail mit seinen Fianna, seinen Mannen. Dazu kommen viele Wundergeschichten, an die man anstandslos glaubt, soweit ihnen nicht der moderne kritische Geist den Zauber nimmt. Ferner erzählt man gern Märchen, d. h. Geschichten, in welchen übermenschliche Wesen in einer Welt ihr Spiel treiben, in welcher keine Proportion zwischen Ursache und Wirkung besteht. Außerdem trägt man Gedichte religiösen und profanen Inhalts vor, Gebete in poetischer Form, Sagenartiges über Pflanzen und ihre Wirkungen, bis zu uralten, heidnischen Zaubersprüchen. Solches und mehr haben die Folkloristen gesammelt.

Der bevorzugte Ort, wo mündliche Tradition zum besten gegeben wird, ist der häusliche Herd, genauer gesagt, die Feuerstelle im ebenerdig gebauten Häuschen des kleinen Mannes. In Frage kommen die Wintermonate von Mitte September bis Mitte März. Wer will, kann kommen; ist ein guter Geschichtenerzähler (*shanachie*) zu erwarten, so wird der Raum, der Koch-, Eß- und Wohnraum in einem ist, bald übervoll. Daneben waren früher die Totenwachen ein beliebtes Stelldichein für solche mit der Situation völlig unzusammenhängenden Unterhaltungen, und sind es noch alle Arten des Zusammentreffens, wo man gerade nichts zu tun hat.

Die hier und nachfolgend verwerteten Daten stammen aus folgenden Quellen: *Iain F. Campbell*, Herr von Islay („Popular Tales of the West Highlands orally collected") und sein Freund *Alexander Carmichael*, der etwa 40 Jahre lang Folklore sammelte („*Carmina Gadelica*, Hymns and Incantations orally collected in the Highlands and Islands of Scotland"). Beider Werke sind reich an für uns dienlichen Angaben. In Irland widmete sich nach manchen Vorläufern *Douglas Hyde* der Volkstradition, dessen Enthusiasmus leider seine wissenschaftliche Zuverlässigkeit arg in Frage stellt. Gute Informationen hinterließ dagegen *William Larminie* („West Irish Folk-Tales and Romances"), der sein Material um 1880 sammelte. Als wertvollste Quelle erwies sich die auf reicher persönlicher Erfahrung beruhende Beschreibung des irischen Geschichtenerzählers von *James H. Delargy* („The Gaelic Story-Teller"), dem Gründer des Folklore Institute in Dublin. Auch das Buch des gelehrten Archivars dieses Instituts, *Sean O'Sullivan* („Folktales of Ireland") bringt viele sehr willkommene Daten über die *shanachies* und ihr Leben. Erwähnung verdient ferner *Linda Dégh*, die allerdings Ungarn behandelt, wo ein etwas verschiedener Typus von Gedächtniskultur vorzuliegen scheint. Schließlich seien noch *Robin Flower* („The Irish Tradition") und besonders *Reidar Th. Christiansen* („Studies in Irish and Scandinavian Folktales") und *Albert Lord* („The Singer of Tales") erwähnt.

6. Die Geschichten als Überlieferung

Alles, was man dort, wo noch die mündliche Tradition lebt, als geschichtlich betrachtet, bildet einen Teil dieser Tradition. Die Zuhörerschaft wünscht nicht, daß der Erzähler die Geschichten erfinde, sondern daß er sie als Überlieferung vortrage. Bei Märchen hingegen hat der *shanachie* mehr Freiheit, mögen sie auch überkommen sein; er darf sie weiter ausspinnen. Märchen gehören nicht zum eigentlichen, alten Überlieferungsstoff.

Manche Erzählungen tragen den Stempel längst vergangener Zeiten an sich. In eine Ursprungszeit weit hinter Menschenerinnerung führen längst außer Gebrauch gekommene Sitten und Gesetze wie Frauenraub und Frauentötung. Gelegentlich taucht in den Erzählungen noch das längst ausgestorbene Druidentum auf mit seinem Übelwollen und seiner Magie. Anderswo ist die Rede von „*geasa*". Es war dies ein heidnischer und, wie es scheint, spezifisch irischer Gebrauch, wonach jemand durch sein bloßes Wort einem andern für eine bestimmte Zeit oder auch fürs ganze Leben eine magisch bindende äußerliche Verpflichtung auferlegt, deren Nichtbeachtung Unheil bringt. Das Wort, im Singular *geis*, bedeutet eigentlich „Gebot", in der Praxis jedoch „Verbot". Eine junge Prinzessin wird von einem Riesen geraubt; sie verhängt über ihn *geasa*: er dürfe sie ein Jahr und einen Tag lang nicht berühren, erst dann werde sie ihn heiraten. Eine Königstochter stand unter *geasa*, den Palast nur verschleiert zu verlassen, sonst müsse sie den ersten Mann heiraten, den sie treffe, und wäre es ein Bettler[157]. Das *geasa*-Motiv ist zu bequem, als daß es nicht gelegentlich in einer neueren Geschichte verwendet würde.

Andere Zeichen alter Tradition sind Erwähnungen von Waffen, die es längst nicht mehr gibt, wie der Streitaxt und des Bogens, sowie alter Kriegssitten. Da kommt ein Held vor ein Schloß und bringt einen Metallring zum Klingen, der an einem Pfosten hängt. Das bedeutet, daß der Held den Herrn des Schlosses zu tödlichem Zweikampf herausfordert, eine Herausforderung, welche niemals abgelehnt wird[158]. Der aus diesen Erzählungen sprechende Geist ist genau jener, den man in den Heldensagen des ersten Jahrtausends beobachtet. – Es kommt auch vor, daß eine erzählte Begebenheit sich in einer Landschaft abspielt, welche nicht die des Erzählers und seiner Zuhörer ist; auch das ist ein Zeichen, daß Tradition vorliegt[159]. Jedenfalls beweisen solche Züge, daß man bei der Formung der Geschichten auf altes Überlieferungsgut zurückgegriffen hat.

Auch lokalgeschichtliche Erzählungen verraten mitunter ihr relativ hohes Alter. Vor etwa zwei Jahrhunderten wurde in Galway (im Nordwesten von Irland) ein Irländer zum Tode verurteilt und gehängt. Als seine Leiche den Verwandten zur Bestattung ausgeliefert wurde, fanden diese noch Leben im Justifizierten und brachten ihn schleunigst in Sicherheit. Sie trauten wohl dem englischen Gesetz nicht – wenn es damals schon Geltung hatte –, das vorsieht,

---

[157] *O'Sullivan*, Folktales of Ireland, S. 94, 123.

[158] ib. S. 83.

[159] *Campbell*, Popular Tales, I, S. LXIX f.

daß sich der Richter mit dem einmal Abgeurteilten und Bestraften nicht mehr befassen dürfe. In dieser Erzählung wird nebenbei erwähnt, an welchem Platz der Galgen stand. Diese Angabe stimmte indes seit wenigstens 150 Jahren nicht mehr, und kaum jemand in Galway wußte noch um die alte Stätte[160].

Ein untrügliches Zeichen hohen Alters ist die weite Verbreitung der gleichen Geschichte. Es gibt „zu beiden Seiten des Meeres Erzählungen, welche sozusagen identisch erzählt werden“[161]. Wenn man aber eine Geschichte in der Grafschaft Kerry (im Südwesten Irlands) und im schottischen Hochland in gleicher Weise erzählt, muß sie eine lange Vergangenheit hinter sich haben[162]. So haben denn die *shanachies* guten Grund, sich als Hüter und Überlieferer eines alten Schatzes zu betrachten. *Campbell* drückt das kurz so aus: „Sie rezitieren die mündliche Literatur ihrer Vorgänger – *old lore*“.

Überlieferung ist Gebundenheit. Wenn auch beide Begriffe keine starren Grenzen haben, so kann doch ein *shanachie* nicht machen, was er will. Daran hindert ihn schon eine gewisse Kontrolle, mag diese auch mehr zufälliger Natur sein. „Während Frauen am Vortragen (von Heldensagen) nicht beteiligt sind, entgeht ihnen doch kein Wort der Erzählung. Und falls der Vortragende – so er ein Verwandter oder Familienfreund ist – in der Erzählung einen Fehler macht oder stockt, so ist es meine oft gemachte Wahrnehmung“, sagt *Delargy*, „daß die zuhörenden Frauen den Vortragenden unterbrechen und korrigieren“[163]. Nicht anders geht es in Beduinenzelten zu, wo ebenfalls Überlieferungen aus dem Gedächtnis vorgetragen werden. Auch da sitzen in kalten Nächten die Männer um das Feuer herum, hinter ihnen die Knaben und in der Frauenabteilung die Frauen und Mädchen. Der Vortragende hat in seinem Repertoire alte Traditionen des Stammes oder des Geschlechtes, Heldentaten einzelner Stammesgenossen, Genealogien, allerlei Gedichte. „Alle hören mit größter Spannung zu … zum tausendsten Male, aber sie hören doch aufmerksam zu, und wenn der Erzähler etwas ausläßt und hinzufügt, verbessern sie ihn sogleich“[164]. Eine solche Kontrolle ist zwar nicht organisiert, aber doch nicht unwirksam.

Gleiches gilt von der Kontrolle, welche von den *shanachies* selbst ausgeht. Darüber berichtet etwa für die Zeit um 1800 ein protestantischer Beobachter

---

160 *P. John Hyde*, S. J., mündlich.

161 *Larminie*, Folk-Tales, S. XI.

162 Vgl. *Campbell*, I, S. CXVII f.

163 *Delargy*, S. 7.

164 *Alois Musil*, Arabia Petraea, II, S. 232 f.

aus Irland: „Die Art und Weise, wie die Genauigkeit der Überlieferung bewahrt wird, ist einzigartig und der Beachtung wert. An Winterabenden trifft sich häufig eine Anzahl von *shanachies*, um abwechselnd ihre überlieferten Geschichten vorzutragen. Wenn einer eine Stelle vorträgt, die einem andern als unrichtig erscheint, so wird jener sofort unterbrochen, und jeder der beiden gibt einen Grund an für seine Art, die Stelle zu rezitieren. Der Streit wird dann der Abstimmung der Versammlung unterbreitet, und die Entscheidung der Mehrheit wird in der Sache bindend für die Zukunft“[165]. So bezeugt für Dungiven in County Derry (Nordirland). Man wird an die „Courts of Poetry“ erinnert (s. oben S. 67), und es ist nicht bekannt, wie weit sich diese Art von Kontrolle ausgebreitet hatte. Daß jeder *shanachie* der Kritiker seiner Kollegen ist, ist selbstverständlich. *Delargy* berichtet aus seiner reichen Erfahrung von einer drastischeren Art von Kontrolle. „Gute Geschichtenerzähler, stolz auf ihre Kunst, fanden schlecht erzählte Geschichten unerträglich. Mitunter zwangen sie den unbeholfenen Erzähler, seine Geschichte abzubrechen; es dürfe nicht geschehen, daß solcher Unsinn die Stelle der wahren, überlieferten Erzählung einnehme“[166]. Wie nicht anders zu erwarten, zeigt sich zwischen den einzelnen Erzählern gern Eifersucht, wer ein bestimmtes Stück besser vortrage[167]. In solcher Atmosphäre wäre es gewagt, wollte einer eine Erzählung ändern.

Wenngleich diese verschiedenen Arten von Überwachung nicht systematisch ausgeübt werden, entziehen sie doch den Erzählungsstoff der Willkür des Erzählers und binden ihn an die Überlieferung. „Die traditionellen Geschichten“, bemerkt *Linda Dégh*, „dürfen mithin nicht bloß als persönlicher Besitz des einzelnen Geschichtenerzählers angesehen werden, sondern sie sind auch Eigentum der ganzen Gemeinschaft. Es hat sich herausgestellt, daß in einer Gemeinschaft, wo das Geschichtenerzählen eine lebendige Kunst ist, für gewöhnlich nicht eine einzige Person existiert, die nicht vertraut wäre mit den meisten der traditionellen Geschichten. Manche aus diesen Leuten sind sogar imstande, wenn nötig, eine Skizze dieser Geschichten vorzubringen“[168].

Die Regel der Unveränderlichkeit hat jedoch auch ihre Ausnahmen. Ein Erzähler mag unter stiller Zustimmung der Zuhörer ein Märchen nach Belieben ausschmücken. Auch romantische Erzählungen scheinen die Möglichkeit zu

---

[165] *W. Sh. Mason*, A Statistical Account, S. 318.

[166] *Delargy*, S. 24.

[167] *Thompson*, Folktale, S. 454.

[168] *Linda Dégh*, Folktales, S. XXXIV f.

bieten, daß der Erzähler sie verändert und bereichert. Das dürfte dann der Fall sein, wenn eine solche Erzählung verhältnismäßig jungen Ursprungs ist, nicht älter als das 15. Jh., und wenn dieser späte Ursprung dem Auditorium noch dunkel im Bewußtsein ist. Eingehendere Studien über diesen Punkt wären erwünscht.

Bisweilen verrät auch der Stil, daß eine Geschichte schon in vergangener Zeit formuliert worden sein muß. *Larminie* sagt darüber folgendes: „Der Stil der Erzählungen ist nicht gleichförmig, sondern unterscheidet sich beträchtlich von einer Geschichte zur andern, und zwar nicht so sehr je nach dem Erzähler, als vielmehr je nach dem Erzählten"; in der einen tritt eine gewisse „altertümliche Schlichtheit" zutage, die in der andern fehlt. „Es scheint demnach, daß einige der Erzählungen eine gewisse Unzerstörbarkeit des Stils an sich haben, eine ursprüngliche Färbung, welche unverändert hindurchging durch den Geist vielleicht von Generationen von Erzählern"[169].

Das führt uns zu einem weiteren Element, welches mindestens ebenso deutlich das Alter einer Erzählungsform verrät – die Dunkelheiten in Sprache und Stil. Das mag an einem Lied erläutert werden. Carmichael schrieb einst „Das Gedicht vom Tag des Herrn" nieder, wie es ihm die weithin bekannte Tradentin Janet Currie (eig. Mac Muirich) vortrug. „Sie war eine Frau von großem Wuchs, schwarzem Haar, gesunder Gesichtsfarbe, mit einer klaren, volltönenden Stimme. Ihre Sprache war bemerkenswert flüssig und reich, obschon manche ihrer Wörter und Wendungen, weil veraltet, für den Fremden unverständlich waren. Ich nahm die Versionen des Liedes auch von verschiedenen andern Personen auf, aber sie waren bei allen mehr oder weniger verderbt und dunkel. Gedichte gleich diesem können bis ins achte Jahrhundert zurückverfolgt werden"[170].

Als *Larminie* eine Erzählung von Jack Gillespie (County Donegal, im Nordwesten Irlands) zu Papier bringen wollte, warnte ihn dieser, das Irische seiner Geschichte werde voller Schwierigkeiten sein[171]. Man fragt sich, warum der Erzähler Stil und Sprache der Erzählung nicht längst verständlicher gemacht hatte. Die Lösung liegt darin, daß es sich um eine altüberlieferte Erzählung handelte, die der Erzähler zum Teil selbst nicht verstand, die zu ändern er aber für unstatthaft hielt. Derlei unverständliche Texte sind nicht gar selten.

---

[169] *Larminie*, S. XII f.

[170] *Carmichael*, I. S. 216 f.

[171] *Larminie*, S. 257.

Warum aber werden solche Stücke, die auch dem Publikum unverständlich sind, dennoch weiter tradiert? *Delargy* gibt darauf eine überraschende, aber sehr plausible Antwort: „Wir sollten bedenken, daß in der Dunkelheit der Sprache (einer vorgetragenen Erzählung) für die pedantisch eingestellten und des Lesens unkundigen Zuhörer etwas Anziehendes liegt. Ein alter, mir befreundeter Geschichtenerzähler war voll Bewunderung für die alten Männer, die er in seiner Jugend gekannt hatte, wegen ihres ‚harten Irisch'; er sagte: ‚Sie hatten ein so feines hartes Irisch, daß Sie kein Wort davon verstanden hätten'"[172]. Das Anziehende, so unvernünftig es scheint, gründete in der geistigen Haltung der Erzähler und Zuhörer. Die Gegenwart bot ihnen wenig Erfreuliches, und von der nahen Zukunft erwarteten sie für sich nicht viel. Um so größer war ihre Anteilnahme an der Vergangenheit. Die Vergangenheit war ihr Schatz, und mit dieser Vergangenheit fühlten sie sich durch die unverständliche Sprache verbunden, weil diese unverkennbar den Stempel alter Tradition an sich trug. Die unverständlichen Texte werden die ersten sein, die dem wirtschaftlichen und sozialen Fortschritt zum Opfer fallen.

Noch eine Besonderheit mancher Erzählungen verdient hier Erwähnung. Wie in den Sagen, die in den alten Handschriften aufbewahrt sind, so finden sich auch in den heute von den *shanachies* vorgetragenen Heldensagen Stellen, welche die moderne Literaturwissenschaft „runs" nennt, etwa so viel wie „Galoppstellen". Sie beschreiben, wie der Held sich morgens erhebt, sich zur Schlacht rüstet, wie sein Schiff in See sticht oder am Ufer beilegt, wie die Schiffer Unterkunft suchen für die Nacht usw., alles Geschehnisse, wie sie im Leben eines irischen Helden und auch anderer Leute wiederholt vorkommen, jedoch an sich von geringerer Bedeutung sind. Der Erzähler kennt sie auswendig. Durch ihren Vortrag will er auf seine Zuhörer Eindruck machen. *Robin Flower* gibt aus eigener Erfahrung eine Beschreibung davon, wie der *run* vorgetragen wird. Er hörte einem Bauern auf einer damals noch Gaelisch sprechenden Insel zu, wie er Gedichte, dann Prosaerzählungen vortrug. „Gelegentlich änderte sich seine Stimme, seine Sprache wurde beschleunigt, und seine Augen begannen zu leuchten, wenn er mit einer Geschwindigkeit, die man als für den menschlichen Atem jenseits des Möglichen liegend betrachten würde, diese sehr gekünstelten Stellen vortrug ... voll seltener Wörter und alliterierender rhetorischer Wendungen, Stellen, welche wegen

[172] *Delargy*, S. 32 f.

der herkömmlichen hastigen Art des Vortragens als „runs“ bekannt sind“[173]. O'Sullivan wird recht haben, wenn er bemerkt, die *runs* bedeuten für den Erzähler eine Art Ruhepunkt[174], der Erzähler läßt seiner Zunge sozusagen die Zügel schießen.

Diese *runs* sind altes Überlieferungsgut. Daher die seltenen und alliterierenden Wörter, die Flower erwähnt. Die Sprache der *runs* ist bisweilen dunkel oder verdorben. Schon in den alten Sagen waren die in den Handschriften mit .r. markierten „rhetorischen“ Passagen altertümlich und schwer verständlich. Larminie gesteht, daß er nicht imstande war, die *runs* stets ins Englische zu übersetzen[175]. Ihr Alter ergibt sich auch aus ihrer weiten Verbreitung. *Christiansen* zitiert ein Beispiel aus *Douglas Hyde*, „Beside the Fire“ (S. XXXI) und bemerkt dazu: „Wenn wir diese Zeilen vergleichen mit auf das Geratewohl ausgewählten Varianten von Kerry (im Südwesten Irlands) bis zu den Hebriden (vor der Nordküste von Schottland), ergibt sich, daß die Konstruktion überall die gleiche ist und sogar die gleichen Ausdrücke auftreten. Gelegentlich mag eine Zeile geändert oder eine Reihe von Adjektiven umgestellt sein, aber der Tenor der Stelle bleibt unverändert“[176]. Einer meiner Kollegen in Dublin hatte vor den Tagen seiner Gelehrsamkeit als *shanachie* gewirkt. Er kannte die *runs* als alte Traditionen und verwandte sie je nach Bedarf in verschiedenen Erzählungen. Was also vom Alter der *runs* gilt, gilt nicht ebenso von ihrem jeweiligen Zusammenhang.

Die in diesem Kapitel berührten Gesichtspunkte, die, wie alles in diesem Buch, beträchtlich erweitert und vertieft werden könnten, dürften immerhin deutlich gemacht haben, daß die von den *shanachies* vorgetragenen Heldensagen und andere Erzählungen Inhalt, Struktur und zum Teil ihren Wortlaut einer längst vergangenen Epoche verdanken. Ihre heutige Rezitation ist im wahren Sinn mündliche Überlieferung.

---

[173] *Flower*, S. 105.

[174] *O'Sullivan*, S. 262.

[175] *Larminie*, S.253.

[176] *Christiansen*, S. 14.

7. Der Erzähler und seine Quellen

Die Folklore-Forscher, welche die mündlichen Überlieferungen aufzeichnen, machen in der Regel einige Angaben über ihre Gewährsleute. Dabei fällt auf den ersten Blick auf, daß diese Gewährsleute fast immer alte, zum Teil sogar sehr alte Leute waren. „Ich hörte oft zu, mit Verwunderung über die außerordentliche Gedächtniskraft, welche ungelehrte, alte Männer an den Tag legten", schreibt *Campbell*[177]. Jüngere Leute fehlten unter den Gewährsmännern nicht ganz; *Larminie* nennt einen Burschen von 17 Jahren und mehrere Männer mittleren Alters, *O'Sullivan* verzeichnet Erzähler von 29 bis 88 Jahren, wobei die Leute höheren Alters vorherrschen, *Campbell* nahm sogar Erzählungen von einem Hundertjährigen auf und von einem, der 101 Jahre alt war. Es stimmt auch von Irland, was *Linda Dégh* von Ungarn sagt: alte Überlieferung stammt vornehmlich von Leuten im Alter von 60 bis 80 Jahren, selten unter 40 Jahren[178]. Diesen alten Leuten wenden wir uns hier zu als den typischen Tradenten.

Alle diese bejahrten Erzähler fühlten und fühlen sich im eigentlichen Sinn als Tradenten alten Gutes, als Glieder einer langen Kette mündlicher Überlieferer, nur allzu oft als das letzte Glied. Bezeichnend ist überdies, daß viele von ihnen erklären, sie hätten diese oder jene Geschichte in ihrer Jugend von einem alten Mann erhalten. So erwähnt *Carmichael* einen Mann mit Namen Kenneth Morrison, der „alt, blind und arm" war, zwar ein Analphabet, aber intelligent, der als Kleinhäusler auf der schottischen Insel Skye lebte. Carmichael hatte in den Jahren 1860–1862 viel Folklore von ihm erhalten. Morrison erklärte, „daß die alten Männer, von denen er die Gedichte und Geschichten gehört hatte, ihm gesagt hätten, sie hätten sie in ihrer Knabenzeit von alten Männern vernommen. Das würde" – wie Carmichael hinzufügt – „diese alten Leute in die erste Hälfte des 17. Jh. verweisen. Jedenfalls können sie ihre Geschichten oder Gedichte nicht aus Büchern gelernt haben, denn zu ihren Zeiten waren weder Geschichten noch Gedichte gedruckt, und selbst wenn das der Fall gewesen wäre, hätten diese Männer sie nicht lesen können"[179].

Eine noch genauere Traditionskette als die von Carmichael erwähnte ist die folgende. In den sechziger Jahren des 19. Jahrhunderts lebte zu Stone-Bridge auf der Hebrideninsel Süd-Uist eine bekannte Tradentin alter Gedichte und

---

[177] *Campbell*, I. S. XXVII.

[178] *Linda Dégh*, Märchen, S. 167.

[179] *Carmichael*, I. S. XXV.

Sagen, Frau Janet Currie (verballhornt aus MacMuirich; s. oben S. 75). Sie hatte nach eigener Aussage viel solchen Stoff von ihrem Vater gelernt, und zwar etwa vierzig Jahre früher. Das war also um 1820, als ihr Vater etwa 65 Jahre alt war: er starb im Alter von über 85 Jahren um das Jahr 1840. Dieser ihr Vater wiederum hatte den Stoff als Überlieferung von einem Onkel mütterlicherseits erhalten, der Eachan Mac Mhurchaidh mhic Alasdair Dhomhnullaich hieß, und der starb, bevor Quebec von den Engländern genommen wurde.

Hier seien zu Frau Janets Bericht ein paar Bemerkungen hinzugefügt. Quebec wurde am 13. September 1759 von den Engländern erobert. Diese Zeitbestimmung in Janets Bericht ist überraschend und scheint auf eine Verbindung mit schottischen Siedlern in Canada hinzuweisen. Das Datum zeigt aber, daß die Traditionslinie zwischen ihrem Vater und dem vor dem genannten Datum verstorbenen Eachan ein Zwischenglied überspringt, ohne daß das jedoch den einzelnen Angaben Eintrag tut.

Dieser Eachan oder MacDonald, wie er auf Englisch genannt wird, hatte seinerseits den Traditionsstoff in seiner Jugend von Niall MacLachluinn mhic Dhomhnuill mhic mhic (!) Muirich gelernt, „und (der Stoff) kam zu diesem von Neill Currie dem Barden“, d. h. von dem als Barden bekannten Niall MacMhuirich, gest. 1715. Janet Currie hat diese Traditionskette am 12. September 1860 dem Mitarbeiter Campbells, Hector MacLean, mitgeteilt[180].

Auch wo die Überlieferungskette nicht weit zurückverfolgt werden kann, beleuchtet sie immerhin den Erzähler und seine Quellen. Ein Stiofan O'Helaoire erzählte Delargy einige Geschichten, die er im Jahre 1875 als Knabe von einem 85–90 Jahre alten Mann vernommen hatte; ein anderer Erzähler teilte ums Jahr 1880 Stiofan die Geschichte vom sagenumwobenen König Conall Gulban mit, die er seinerseits um 1830 ebenfalls von einem alten Mann erhalten hatte[181]. So und ähnlich lauten Dutzende von Bezeugungen.

Die Traditionskette der Janet Currie verläuft innerhalb ihrer Verwandtschaft und bildet insofern einen Beleg dafür, daß die Überlieferer oft ihre Genealogie bis weit zurück kennen. *Delargy* gibt dafür Beispiele mit Namen von fünf, sechs und sieben Generationen[182]. Bisweilen verraten die *shanachies* ein ausgesprochenes Gedächtnis für Genealogien. Von einem Schuhmacher auf der Hebriden-Insel Barra sagt *Carmichael*: „Dieser intelligente Mann diktierte

---

[180] Scottish Gaelic Studies, III. S. 180. Vgl. *Delargy*, S. 23.

[181] *Delargy*, S. 22.

[182] ib. S. 21.

mir die Namen von 37 aufeinanderfolgenden Geschlechtern der MacNeill von Barra“[183]. Es wäre für Carmichael ein Leichtes gewesen, diesen Stammbaum nachzukontrollieren. Man fühlt sich in die Zeit der Familien-*filid* des Mittelalters zurückversetzt (s. oben S. 47).

Wer über ein Volk spricht, welches in der Gedächtniskultur lebt, sollte dieser auch Rechnung tragen. Die Beduinen leben in dieser Kultur. Es ist bekannt, daß sie in der Regel mehrere Glieder ihres Stammes kennen. Hadschi Halef Omar von Karl Mays Gnaden ist eine gute Nachahmung davon. Es gibt unter den Beduinen Leute, welche die Stammesgenealogie durch Jahrhunderte zurückverfolgen können. Es reizt zum Lachen, wenn man bei *Robert Montagne* liest, diese Genealogien seien erfunden, und wenn er dazu allen Ernstes behauptet, diese Genealogen hätten „sans doute“ alte Bücher, wo die Stammbäume niedergeschrieben seien[184]. Er vergaß hinzuzufügen, daß sie diese Bücher jeweils bei ihren ewigen Wanderungen immer wieder in den Satteltaschen verstauten und auf ihren Kamelen mitschleppten. Es ist dies nicht der einzige Fall, wo die Unkenntnis der Gedächtniskultur das Geschichtsbild trübt.

Die Geschichtenerzähler sind in der überwiegenden Mehrzahl sozial gesehen kleine Leute, Kleinhäusler, Taglöhner, umherziehendes Volk wie Zigeuner und Kesselflicker (jetzt in Irland fast ausgestorben), Hirten, Fischer (auf hoher See), Handwerker. Von besser gestellten nennt Carmichael unter seinen Gewährsleuten eine Krankenpflegerin, einen Leuchtturmwärter, einen Kaufmann, drei Bauern, einen Arzt, drei Kapitäne (von Küstenschiffen), zwei katholische „Katecheten“[185]. Nicht selten sind unter den Erzählern Schullehrer, die ein ausgesprochenes Interesse an Folklore hatten. Wie ersichtlich ist, war das Erzählen nie auf eine bestimmte Klasse der Dorf- und Landbevölkerung beschränkt[186].

Die überwiegende Zahl der *shanachies* wird von den Folklore-Sammlern als arm, oft als sehr arm beschrieben. *Carmichael* läßt uns einen Blick werfen in die Behausung von Hector MacIsaac und seiner Frau. Von dieser hatte er manche „weltliche Sprüche, religiöse Lieder und Feenlieder“, von ihm „zahlreiche Heldensagen, Gedichte und Balladen“ erhalten. Diese beiden

---

[183] *Carmichael*, II. S. 377 Anm. 4.

[184] *Robert Montagne*, La Civilisation du Désert. Nomades d’Orient et d’Afrique (Paris 1947), S. 70f.

[185] *Carmichael*, II. S. 374–381.

[186] *Delargy*, S. 7.

wohnten auf der Insel Süd-Uist. Ihre Hütte stand „mitten in einem Torfmoor und war etwa fünfzehn Fuß lang, zehn Fuß breit und fünf Fuß hoch". Die Wände waren aus Erdschollen, die Bedachung aus Schilfrohr. „Nichts war darin, was der erbärmlichste Dieb aus dem ärgsten Slum zu stehlen sich herabgelassen hätte", d. h. alle Gebrauchsgegenstände waren selbstgemacht. Beide Leutchen waren guter Gesundheit gewesen, waren jetzt aber altersschwach. Sie lebten allein und wurden von einer Tochter, die irgendwo in Dienst stand, erhalten[187].

Wir Menschen der Schriftkultur sind nur zu geneigt, diese schlichten und armen Leute für unwissend und etwas beschränkt zu halten. Nichts ist verkehrter; die Folkloristen betonen immer wieder, wie unzutreffend das ist. Nur muß man, um diesen Menschen der Gedächtniskultur gerecht zu werden, an die Stelle unserer Buchgelehrsamkeit einen Schatz mündlicher Überlieferungen und ein gutes Gedächtnis setzen.

Mit wenigen Ausnahmen waren die alten *shanachies* Analphabeten, was aber nicht bedeutet, daß sie kulturlos und ungehobelten Wesens waren. *Campbell*, der seine Forschungen in Nordwest-Schottland und auf einigen Hebriden-Inseln machte, beschreibt seine Erzähler so: „Ich fand in ihnen Männer mit klaren Köpfen und wundervollen Gedächtnissen, meistens sehr arm und alt, die in den fernsten Teilen fernabliegender Inseln wohnen und nur Gaelisch sprechen, kurz, Leute, die zumeist zuhause leben, am weitesten weg von der Welt, und die keine andere Quelle geistiger Abspannung kennen als sich selbst und ihre Nachbarn"[188]. Gleiches läßt sich von manchen irischen Tradenten sagen. Auch sie sind alles andere als ungebildet. Die den Iren überhaupt eigene Freude am Witz verrät einen scharfen Verstand.

Carmichael nennt als Beispiel für feines Benehmen den uns bereits bekannten Erzähler Hector MacIsaac. Er besuchte ihn einst in Begleitung des weithin bekannten Iain F. Campbell. „Hector MacIsaac, ein des Lesens unkundiger *cottar* (Kleinhäusler), der keine andere Sprache kannte als seine eigene (schottisches Gaelisch), der mit niemand anderm in Berührung kam als mit Menschen seiner eigenen Klasse (d. h. seinen Nachbarn auf dem Moor), war ebenso zuvorkommend und von gutem Benehmen und höflich wie Iain Campbell, der gelehrte Jurist, der die ganze Welt bereist hatte, der geehrte Gast an allen Höfen Europas. Beide fühlten sich frei von Hemmungen und vertraut miteinander." Anschließend besuchte Carmichael noch zwei andere

---

[187] *Carmichael*, I. S. XXIV.

[188] *Campbell*, I. S. XXI.

Männer von gleicher Höflichkeit wie MacIsaac. „Keiner der drei Männer konnte lesen oder kannte eine andere Sprache außer Gaelisch, oder hatte jemals seine Heimatinsel verlassen.“ Alle drei dankten den Besuchern „in höflichen Ausdrücken dafür, daß sie zu Besuch gekommen waren und Interesse zeigten an ihren verschrienen und verlachten alten mündlichen Traditionen. Und alle waren ebenso höflich wie der Hofmann (Campbell) selbst“[189].

Nicht ohne Sarkasmus beschreibt der Irländer *Delargy* zwei seiner irischen Gewährsmänner. Der erste war Sean O'Conaill, Bauer und Fischer auf der hohen See, „der nie zur Schule gegangen war und ein Analphabet, vom Standpunkt der sturen ZensusBeamten aus beurteilt. Er konnte Englisch weder sprechen noch verstehen. Aber er war einer der bestbelesenen Männer in bezug auf die ungeschriebene Literatur des Volkes, die ich je gekannt habe; sein Geist war ein Warenhaus der Tradition jeder Art“. Wir werden diesem Mann wieder begegnen. Einen andern Gewährsmann beschreibt Delargy als sehr witzigen Redner, „ein kultivierter Mann in mündlicher Literatur, unverdorben durch Bücher, die er ohnehin nicht lesen kann“[190]. Von *Carmichael* erfahren wir, daß der alte, erblindete Kenneth Morrison, „obschon gänzlich ungeschult, von hoher Intelligenz war“[191].

Man liest öfters von blinden Erzählern und Sängern. Aber die Anzahl der irischen blinden *shanachies* war sehr beschränkt, und nicht jeder Blinde war Sänger oder Erzähler. Homer spricht von Demodokos, dem blinden Sänger der Phäaken, und später wurde Homer selbst als blinder Sänger hingestellt. Blindheit konnte Anlaß werden, daß jemand zum mündlichen Tradenten wurde, wenn er das nötige Gedächtnis und andere erforderliche Eigenschaften besaß. Das wird wohl auch von den blinden Guslaren auf dem Balkan und den blinden Sängern im alten Rußland gelten.

Da das Erzählen überlieferter Geschichten an keine bestimmte Klasse von Leuten gebunden ist, läßt sich fragen, welche besonderen Umstände den *shanachie* zu dem machen, was er ist. Das gute Gedächtnis allein genügt nicht, sonst müßte es in Irland unendlich viel mehr Erzähler geben. Es bedarf eines besonderen Anreizes, wodurch die schlummernde Begabung geweckt wird. Was anregt, ist das Vorbild. So erklärt es sich, wieso es Gegenden und Gemeinden gibt, wo keine Erzähler vorhanden sind, und andere, wo sie in

---

[189] *Carmichael*, I. S. XXIV.

[190] *Delargy*, S. 9 f. und S. 14.

[191] *Carmichael*, I. S. XXV.

großer Zahl auftreten[192]. Der ideale Hintergrund scheint gegeben zu sein, wenn das Tradieren von jeher, oder doch von Großvaters Zeiten her in einer Familie geübt wurde. *O'Sullivan* nennt einen *shanachie* namens Marcus O'Neachtain (Co. Galway), der die von ihm vorgetragene Geschichte von seinem Vater Eoghan vernommen hatte. Eoghan wiederum hatte sie von seinem Vater vernommen, der gleichfalls Marcus hieß; „beide, Eoghan und der alte Marcus, waren bekannte Geschichtenerzähler"[193]. In diesem Zusammenhang sei auf die Familie hingewiesen, aus welcher Janet Currie hervorgegangen ist. Eine andere Frau, welcher Carmichael viel Folklore verdankte, stammte von bekannten Tradenten ab; einer ihrer Onkel war im Hause des Lords MacDonald als Hauspoet angestellt, ganz wie in alten Zeiten die Familien-*filid*. Wiederum eine Frau, die Carmichael viel Überlieferungsstoff mitgeteilt hat, stammte von den berühmten Mac Vuirich ab, welche Generationen hindurch bei den Clanranald als Familiendichter und Geschichtskenner in Dienst standen[194]. Ein Folklore-Sammler berichtet von einem Séamus O'Beirn, einem Schuhmacher, der seine Geschichten dreißig Jahre früher von seinem Vater erhalten hatte; „alle seine Vorfahren waren in diesem Distrikt (Donegal) als Geschichtenerzähler berühmt"[195].

Der primitive Zustand, in welchem die Geschichtenerzähler zumeist gelebt haben, hält nun allerdings der andringenden modernen Zivilisation nicht stand. Sobald sich die Möglichkeit auftut, beschreitet der Geist neue Wege zu neuem Wissen, und damit verschieben sich allmählich die geistigen Maßstäbe. Darum sind Schulen und die Kenntnis fremder Sprachen das Ende des mündlichen Überlieferns. Das wurde in Irland seit wenigstens einem Jahrhundert spürbar und schuf eine neue Situation: der Großvater sprach nur Gaelisch und lebte in seiner Gedächtniskultur; der Vater lernte auch Englisch, verstand aber die Geschichten seines Vaters, obwohl er nicht mehr viel davon hielt; seine Kinder haben das Gaelische verlernt, reden nur Englisch und haben für alles Frühere nur mehr ein bedauerndes Lächeln. Schon um 1860 schrieb *Campbell*, die Erzählungen der Alten fänden bei der Jugend kein Interesse mehr; dann war es natürlich mit dem Auswendiglernen vorbei. „Tradition is out of fashion and books are in"[196].

---

[192] *Delargy*. S. 12.

[193] *O'Sullivan*, S. 283.

[194] *Carmichael*, II. S. 374 Anm. 20 und 14.

[195] *O'Sullivan* S.267.

[196] *Campbell*, I. S. XXXI.

Die Gewährsleute, welche *Carmichael* um 1860 Überlieferungen mitgeteilt hatten, waren um 1900 fast alle gestorben, „ohne Nachfolger (im Tradieren) zu hinterlassen“[197].

Das Archiv der *Irish Folklore Commission* in Dublin besitzt die Niederschrift von manchen Geschichten und von etwa fünfhundert Liedern, die es Anne Nica Luain verdankt, einem alten Frauchen, das ob der Fülle ihres Überlieferungswissens bekannt war. Sie erklärte, nach ihrem nicht mehr fernen Tod werde niemand mehr in ihrem Distrikt (Cruach Toibrid, Co. Donegal) Legenden und Geschichten und Märchen vortragen, weil niemand mehr sie kenne; alle jungen Leute von heute hätten ein so schlechtes Gedächtnis. Es sei ihr darum ein Trost, daß vieles von dem, was sie wisse, jetzt in Dublin aufbewahrt werde[198]. Ihr anheimelndes Bild hängt in den Räumen der Folklore Commission, die es hatte machen lassen. Als der Porträtist ihr Bild malte, kam der alte Bauer, ihr Mann, herein, brummte, als er es sah, nannte es einen Unsinn und meinte, es wäre gescheiter, die Leute würden ihm helfen, eine schadhaft gewordene Stelle des Strohdachs zu flicken.

8. Der Vortrag des Erzählers

Seit jeher dienen die Rezitationen der alten Sagen und Geschichten der Unterhaltung der Landbevölkerung, besonders wenn sie sich nach der Tagesarbeit zusammenfindet. Bei diesen Zusammenkünften (*céilidhe*) trägt alles zur Unterhaltung bei, was Scherze, bons mots, Rätsel, Gesänge, Gedichte oder Erzählungen zum besten geben kann. Aber ein guter *shanachie* ist am meisten willkommen. Fürs erste hört man die schon bekannte Geschichte immer wieder gerne an, und zum andern bedeutet es für die Zuhörerschaft einen besondern Reiz, wenn sie originell vorgetragen wird. Es ist ähnlich wie bei dem Besuch eines schon bekannten Theaterstückes, wo der Zuschauer besonders interessiert ist an der Vortragskunst der Schauspieler. Die Geschichtenerzähler sind sich dessen voll bewußt. „Diese spezialisierten – beinahe professionellen – Geschichtenerzähler (die Christiansen gehört hatte) waren Künstler innerhalb ihrer eigenen Sphäre, sehr klar bewußt der wohlgesetzten Höhepunkte in der Wiedergabe einer Geschichte, und überzeugt

---

[197] *Carmichael*, I. S. XXXVI.

[198] *A. E. Johann* (Pseudonym für *Alfred Ernst Wollschläger*). Heimat der Regenbogen. Irland, Europas schönstes Land. (Gütersloh 1958) S. 200.

davon, daß ihre Zuhörerschaft durchaus fähig war, ihre Kunst gebührend zu schätzen“[199].

Darum legt der Geschichtenerzähler seine ganze Seele in den Vortrag. Ein Augenzeuge schildert das folgendermaßen: „Sein durchdringender Blick ruht auf meinem Angesicht, seine Glieder zittern, wie er, ganz versenkt in seine Geschichte, und alles andere vergessend, seine ganze Seele ins Erzählen legt. Offensichtlich sehr ergriffen von der Erzählung, macht er viele Gesten und versucht, durch die Bewegungen des Körpers, der Hände, des Kopfes Haß und Ärger, Furcht und Humor auszudrücken wie ein Schauspieler in einem Theaterstück. Bei gewissen Stellen verstärkt sich seine Stimme, dann wieder wird sie beinahe ein Wispern. Er spricht ziemlich schnell, aber seine Aussprache ist immer deutlich. Ich habe nie einen getroffen, der seine Geschichten mit mehr Kunst und größerer Wirkung vorgetragen hätte als dieser vollendete alte Geschichtenerzähler“[200].

Bei einer solchen Hingabe an seinen Vortrag kann es nicht überraschen, daß der *shanachie* mitfühlende Zuhörer erwartet, und wenn sie fehlen, überhaupt nicht vorträgt. Aber diese Teilnahme bleibt in der Regel nicht aus. Sie ist mitunter so stark, „daß diese manchmal fast Tränen vergießen und andere Male in lautes Gelächter ausbrechen“, wie ein anderer Augenzeuge um 1860 aus Schottland berichtet[201]. Auf diese Weise vergessen der *shanachie* und seine Zuhörer die Gegenwart. Das war den Leuten vor allem zu gönnen in den dunkeln Tagen der „Unfähigkeitsgesetze“ (etwa 1690–1780), die dem katholischen Iren nach und nach alle bürgerlichen Rechte raubten, die Ausübung von Handel und Wandel erschwerten und die öffentliche Ausübung seiner religiösen Pflichten so gut wie unmöglich machten“[202],

Um als Erzähler wirksam zu sein, sind gewisse persönliche Eignungen notwendig. Der *shanachie* muß ein achtunggebietendes Benehmen an den Tag legen[203] und Lebenserfahrung und Menschenkenntnis besitzen. Aus dem erstgenannten Grunde passen Frauen nicht recht für den Vortrag von Heldensagen, und aus beiden Voraussetzungen zusammen wird verständlich, warum nicht leicht jüngere Leute als namhafte *shanachies* hervortreten.

[199] *Christiansen*, S. 9.

[200] Zitiert bei *Delargy*, S. 16.

[201] *Campbell*, I. S. XII f.

[202] *Zimmer*, Preuss. Jahrbücher, 93 (1898) S. 64.

[203] *Linda Dégh*, Märchen, S. 8.

Bis jemand in diesen Ruf kommt, bedarf es jahrelanger Übung. Daher die Tatsache, daß die Erzähler als ihre Quellen sehr häufig Männer im Alter von 60–100 Jahren anführen.

Die geistige Verbundenheit zwischen Erzähler und Zuhörerschaft wirkt als eine Schranke gegen Änderungen der Überlieferung. Der Erzähler darf hierin nur soweit gehen, als es die Zuhörer ertragen. Sie haben nichts dagegen, wenn die Sprache der jeweils herrschenden Redeweise angepaßt wird, ausgenommen jene Stücke, welche aus uns nicht bekannten Gründen in ihrem althergebrachten Sprachgewand bleiben müssen, selbst um den Preis der Unverständlichkeit. Auch inhaltliche Änderungen sind möglich. Die Landbevölkerung ist nicht archäologisch eingestellt und hat nichts dagegen, wenn unverständliche, nebensächliche Züge durch bekannte ersetzt werden. Sie fühlt sich nicht gestoßen, wenn in einer Heldengeschichte die Königin selbst das Feuer auf dem Küchenherd anzündet, mit den Küchenmädchen plaudert und das Streitroß ihres königlichen Gemahls sattelt[204].

Der Erzähler nimmt sich sodann die Freiheit, je nach den Umständen und je nach seiner Laune eine Geschichte vollständig vorzutragen oder abzukürzen. Aber er ist im allgemeinen kein Freund von kurzen Geschichten. Mehr als ein *shanachie* hat dagegen protestiert, daß die vom Institut für Folklore ausgesandten Sammler Kurzgeschichten aufnahmen. In den Augen der Erzähler verdienen das nur lange Geschichten[205]. An solchen ist denn auch kein Mangel. So brauchte Delargy in der Zeit vor der Tonbandaufnahme zur Niederschrift einer Geschichte die Stunden von Mittag bis zum Einbruch der Nacht. Im Archiv der Folklore Commission in Dublin liegen Niederschriften von Geschichten, welche einzeln 24.000, ja 36.000 Wörter enthalten[206]. *Carmichael* spricht von mehreren Erzählungen, von denen jede lang genug war, um drei Abende zu füllen, und er erwähnt eine, welche vierundzwanzig Abende beanspruchte[207]. Analog füllt eine nordische Saga dreizehn aufeinanderfolgende Nächte[208].

Frühere Erzähler gingen so weit, daß sie verschiedene Kurzgeschichten zu einer langen verbanden. Eine solche kombinierte Geschichte ist „die (zweite) Schlacht von Moytura“, die uns in einem Manuskript aus dem 15. Jh. erhalten

---

[204] Vgl. *Campbell*, I. S. LXVIII.

[205] *Delargy*, S. 16 und 34.

[206] *O'Sullivan*, S. 262; *Delargy*, S. 16.

[207] *Carmichael*, I. S. XXIII f.

[208] *Nielsen*, Oral Tradition, S. 32.

ist. Sie enthält selbständige Teile, deren Titel in einer Handschrift des 10. Jh. überliefert sind. Ein neueres Beispiel bietet die „Heilung von Cian's Bein" – „eine Monstre-Erzählung, die aus vierundzwanzig Kapiteln besteht und zwei ganze Nächte für die Rezitierung beansprucht … Mehrere Geschichtenerzähler kannten sie auswendig", wie *Christiansen* berichtet[209]. In solchen Fällen diente eine Geschichte als Rahmen, welcher die anderen aufnahm; jedoch wurden die verschiedenen Stücke nicht zu einer einheitlichen Erzählung verwoben. Was erstrebt wurde, war einfach eine lange Erzählung[210]. Das kam dem Geschmack der Zuhörer entgegen. So weit über den Erzähler und sein Auditorium.

Eine ganz andere Art von Änderungen als die oben erwähnten bezieht sich auf das Verhältnis zwischen dem überlieferten Wortlaut einer Erzählung und dem vorgetragenen.

Diese Vergleichung ist von größter Bedeutung. Der *shanachie* ist nicht an die sprachliche Form gebunden, in welcher er die Geschichte gelernt hat, und hat auch gar nicht die Absicht, sich so binden zu lassen. Denn eine solche Bindung würde ihn sehr daran hindern, sein Können als Erzähler zu entfalten. Man kennt Fälle, wo *shanachies* eine gelernte Geschichte wortwörtlich zum besten gaben, aber sie ernteten wenig Lob. Ein guter Erzähler sucht, wie oben gesagt, seine Geschichte in einer individuellen Art vorzutragen, eben so, wie es seiner Natur und seiner augenblicklichen Disposition entspricht. Darum emanzipiert er sich von den Wörtern und Wendungen, in welchen er die Geschichte gehört hat, und spricht in seinem eigenen Stil und in seiner eigenen Sprache. Ausnahmen sind, wie früher erwähnt, Verse, „runs" und Stücke in unantastbarem antiquarischem Stil und Wortlaut. Der Vortragende fühlt sich nur gebunden an den Gegenstand seiner Geschichte, an ihre Struktur und alle einzelnen Episoden in ihrer hergebrachten Abfolge. Die absolute Beherrschung dieser traditionellen Elemente bei aller Freiheit im Ausdruck gilt mit Recht als eine größere Gedächtnisleistung als eine sklavische Abhängigkeit von einer vorgegebenen sprachlichen Form.

Der Abstand vom fixierten Text, den sich der *shanachie* wahrt, dürfte aber noch eine tiefere Bedeutung haben. Die alten *filid* legten ihr Wissen in Versen nieder, damit deren Wortlaut Studierenden und Fachkollegen dieses Wissen vermittle; es kam auf die Worttreue an, sonst ging ihr Wissen verloren. Bei den Geschichtenerzählern verhält es sich ganz anders. *Albert Lord* gibt eine

---

[209] *Christiansen*, S. 144.

[210] ib. S. 10 und 28.

aufschlußreiche Beschreibung der neueren Entwicklung unter den Guslaren auf dem Balkan. Die ältere Generation der Guslaren glich den irischen *shanachies*, indem sie ihre Volkserzählungen mit all den traditionellen, konstruktiven Elementen vortrugen, dabei aber für den Ausdruck ihre persönliche Freiheit wahrten. Das galt sogar von den Liedern. Sobald die jüngere Generation lesen gelernt hatte, lernte sie die Balladen nicht mehr durch das Anhören, sondern aus den Büchern. So fand sie den „korrekten" Text und verlor die Lebendigkeit des Vortrags. Damit aber wurde der eigentliche Geist des Vortrags der äußeren Form geopfert[211]. Daß auch die Kraft des Gedächtnisses Einbuße erlitt, liegt auf der Hand. Die freie Art des Vortrags ist eben das Wesen solcher mündlicher Überlieferung, eine Wiederholung Wort für Wort bedeutet für sie den Tod.

Wir schließen dieses Kapitel mit *Thompsons* Urteil: „Die Erzähler haben nicht nur die Geschichte gelernt, sie haben sie auch ausgearbeitet mit all der Sorgfalt, welche ein großer Schauspieler auf die Interpretation einer Rolle verwendet, so daß jeder die Geschichte in der für ihn charakteristischen Stimme und Geste und in seinem literarischen Stil wiedergibt. Nur der eigentliche Erzählungsstoff bleibt unverändert, und dieser wird von den vielen Anwesenden sorgfältig kontrolliert, welche die Geschichte schon von andern gehört haben"[212]. Man darf demnach das Wirken eines *shanachie* beschreiben als den individuellen künstlerischen Vortrag einer aus der Vorzeit überlieferten, nach Inhalt und Struktur treu im Gedächtnis behaltenen Geschichte.

9. Die Stärke des Gedächtnisses

Es wurde bereits bemerkt, daß die Geschichtenerzähler Irlands nicht darauf aus sind, ihre Erzählungen wortwörtlich zu wiederholen, wie sie sie gehört haben; sie legen nur Wert darauf, sie nach Thema, Aufbau oder Struktur, und nach ihren Einzelepisoden in deren überlieferten Abfolge im Gedächtnis zu behalten und sie von Fall zu Fall nach eigenem Belieben im öffentlichen Vortrag zu formulieren. Es sei nochmals darauf hingewiesen, daß darin vielleicht eine größere Gedächtnisleistung liegt als in wörtlichem Auswendiglernen und – behalten. *Delargy* macht hiezu die treffende Bemerkung: „Es ist leicht, sich die kurze, realistische Prosaerzählung zu merken... Dagegen verlangt die oft verschlungene Wundergeschichte (und Heldensage) von seiten des Erzählers

---

[211] *Lord*, S. 137.

[212] *Thompson*, S. 455.

eine beträchtliche Gedächtniskraft. Tatsächlich würden es die meisten gebildeten Menschen als sehr schwierig, wenn nicht als unmöglich empfinden, von einer gewöhnlichen Heldenerzählung eine verständliche Zusammenfassung zu geben, geschweige denn sie zu wiederholen, wie sie sie gehört haben. Dagegen habe ich viele ungebildete Erzähler gekannt, welche einige dieser verwickelten Geschichten auf einmaliges Hören hin gelernt haben"[213]. Auf diesen letzten Gedanken werden wir nochmals zurückkommen.

Die Stärke des Gedächtnisses der *shanachies* tritt nirgends schärfer hervor als im Licht der geradezu unglaublichen Stoffmasse, den sie im Gedächtnis aufgespeichert haben. *Thomas MacDonagh* (erschossen 1916) erzählt in seiner Literaturgeschichte: „Vor einigen Jahren verbrachte ich in West-Cork einen Tag mit so einem (Tradenten), einem alten Mann. Dieser wußte mehr Gedichte auswendig, mehr Heldensagen, mehr biographische Erzählungen über die Barden in Munster, als er je eine Möglichkeit hatte, sie vorzubringen oder zu erzählen. Als ich ihm ein Exemplar der Werke von Eoghan Ruadh O'Suilleabhain (einem Barden des 18. Jh. aus Munster) brachte, war er imstande, Stelle um Stelle, Hinweis um Hinweis in Ausdrücken dieser seiner Tradition zu erläutern. Er war imstande, die Partien und Gedichte herauszufinden, welche dem Dichter zu Unrecht zugeschrieben wurden. „Das stammt nicht von Eoghan Ruadh, das ist geschrieben worden von Mary O'Shea von Carriganimy dort drüben. Ich habe es vor vierzig Jahren für eine Hochzeit gelernt"[214].

Die *filid* der alten Zeit konnten an jedem Wintertag eine andere Geschichte aus dem Gedächtnis vortragen, die besten von ihnen an jedem Tag des Jahres. Solche Gedächtniskraft ist nicht ausgestorben. *Linda Dégh* erwähnt einen ungarischen Erzähler, der ebenfalls für jeden Tag des Jahres eine andere Geschichte wußte[215]. Gleiches gilt von Irland. Der 85jährige Geschichtenerzähler Tadgh O'Murchu begegnete am 17. November 1935 zum erstenmal einem Sammler von Folklore. Er bedauerte, daß er ihn nicht zwanzig oder auch bloß fünf Jahre früher getroffen habe; dann wäre er imstande gewesen, ihm für jeden Tag des Jahres eine Geschichte zu erzählen; aber das Alter und der Mangel an Gelegenheit, Geschichten vorzutragen, hätten ihn vieles vergessen lassen. Ähnliche Erklärungen wurden von alten Erzählern den Sammlern gegenüber oft gemacht[216].

---

[213] *Delargy*, S. 34.

[214] *MacDonagh*, Literature in Ireland, S. 164.

[215] *Linda Dégh*, Folktales, S. XXXIV.

[216] *Delargy*, S. 16.

Waren es auch nicht immer genau so viele Erzählungen, als das Jahr Tage hat, so sammelten die von der Folklore Commission in Dublin ausgesandten Männer doch von vielen *shanachies* unglaublich viel Traditionsmaterial. Der Gründer der Kommission selbst, *James Delargy*, veröffentlichte unter seinem irischen Namen Séamus O'Duilearga ein Buch mit dem Titel „Leabhar Sheáin Í Chonaill" („Buch des Sean O'Connell"). Es enthält Niederschriften von Gedächtnismaterial, welches O'Connell Delargy mitgeteilt hatte. Die Geschichten füllen 396 Seiten, die Gedichte zwölf. O'Connell lebte von 1853–1931, sprach und verstand nur Gaelisch und hatte seine Überlieferungen von 27 älteren Tradenten erhalten.

Gleiches erfahren wir aus Schottland. *Carmichael* berichtet von *shanachies* auf den Inseln Barra und Süd-Uist: „Die Geschichten und Gedichte, welche Hector MacIsaac (s. oben S. 80 ff.) während unserer Besuche rezitierte, würden mehrere Bände gefüllt haben. Mr. Campbell äußerte dann und wann eine anregende Frage, welche das staunenswerte Gedächtnis des Geschichtenerzählers und seine ausgedehnte Kenntnis der Volksüberlieferungen deutlich werden ließ." Und so war es mit zwei andern Männern. „Jeder dieser Männer wiederholte Geschichten und Gedichte, Erzählungen und Balladen, die mehrere Bücher gefüllt hätten. Aber keiner der beiden erzählte mehr als einen kleinen Teil dessen, was er wußte"[217]. Einer von ihnen war Alexander MacNeill. „Mr. Iain Campbell (Herr) von Islay, und für ihn auch der bekannte Gelehrte Hector MacLean, schrieben manche Erzählungen von diesem Rezitator nieder. Ich selbst notierte mir noch manche anderen, aber alle drei von uns machten wenig Eindruck auf die überreiche Kenntnis der Volkstraditionen, welche dieser alte Mann besaß"[218]. Wir ersehen aus dieser letzten Bemerkung, daß MacNeill seines Gedächtnisstoffes jederzeit durchaus Meister war.

Gehen wir zurück nach Irland. Ein 63 Jahre alter Erzähler gab einem der Sammler 84 kurze Geschichten, und darüber hinaus 276 andere, welche 104 Ediphonzylinder füllten (das Aufnahmegerät vor der Erfindung des Dictaphons), überdies noch 25 Lieder. Reicher noch war die Ernte bei einem *shanachie* in County Kerry, dessen Rezitationen 500 solcher Zylinder füllten, wovon jeder 1000–1200 Wörter enthält. Der Sammler Costello erhielt i. J. 1945 von einem der besten Erzähler 300–350 Geschichten, unter denen manche lange Märchen sind[219]. *Sean O'Sullivan* nennt einen siebzigjährigen Fischer aus Donegal

---

[217] *Carmichael*, I. S. XXIV.

[218] ib. II. S. 381 Anm. 13.

[219] *Delargy*, S. 15 f.

(im Norden Irlands), der mit seinen Erzählungen mehr als hundert Ediphon-Zylinder füllte, d. h. mit 100.000–120.000 Wörtern. Den Stoff eines Erzählers aus Galway (67 Jahre alt) notierte sich der Folklore-Sammler auf über 1.300 vollgeschriebenen Seiten[220]. Von Seán Mac Criomhthain (55 J. alt; nie in einer Schule gewesen), der auf der noch heute Irisch sprechenden Halbinsel Dingle lebte (Co. Kerry), brachte der Sammler um 1930 alles in allem 439 gedächtnismäßig tradierte Stücke nach Dublin, Erzählungen und anderes[221]. Es sei schließlich auch der berühmten Tradentin Peig Sayers (Co. Kerry, gest. 1958) gedacht, von welcher 375 Erzählungen nebst anderm Gedächtnisstoff, z. B. 40 Liedertexte aufgenommen wurden. *Delargy* erwähnt auch andere Frauen, die sich durch einen reichen Gedächtnisschatz auszeichneten[222]. Von Anne Nica Luain war oben S. 84 die Rede.

Alle diese Personen waren ungebildet, und ihr Gedächtnis kann kaum als systematisch geschult bezeichnet werden. Nachdem oben der alten *filid* gedacht wurde, sei im Vorbeigehen auf andere systematisch geschulte Tradenten hingewiesen. Die Rabbinen des frühen Mittelalters kannten nicht nur den hebräischen Text des Alten Testaments auswendig, sondern dazu noch einen schier unabsehbaren überlieferten Schulstoff. Scherira Gaon (*Gaon* oder Schulhaupt zu Pumbedita in Mesopotamien) schrieb in einem Brief aus dem Jahre 998: „Die Gelehrten erachteten es als ihre Pflicht, sie (d. h. die Gesetzeswerke der Mischna und des Talmud mit ihren zahllosen Diskussionen) auswendig zu zitieren und nicht von geschriebenen Exemplaren.“ Das alles zusammengenommen bildete eine unglaubliche Stoffmasse. *Wilhelm Bacher*, der der Geistigkeit der alten Rabbinen nahestand, bemerkte dazu: „Die Fähigkeit, die Masse des Stoffes auswendig zu lernen, welche in den (akademischen) Schulen (des Rabbinats) gelehrt wurde, war in einem Grad entwickelt, der heute jeden Begriff übersteigt“[223]. Diese alten Rabbinen hatten wie die *filid* im alten Irland den Vorteil der doppelten Kultur, der Gedächtniskultur und der Schriftkultur, wobei sie wie jene die Gedächtniskultur höher achteten als die Schriftkultur.

Ebenso erstaunlich ist die Gedächtniskraft jener Bramahnen Indiens, die sich ganz dem Studium ihrer alten Schriften widmen. Sie kennen nicht nur

---

220 *O'Sullivan*, S. 264f. und 279.

221 ib. S. 277.

222 *Delargy*, S. 15 und 7.

223 *Wilhelm Bacher*, s. v. Talmud, in: The Jewish Encyclopedia, Vol. XII (New York/ London 1906) S. 19.

den Rig-Veda mit seinen 1.028 Hymnen und 153.826 Wörtern auswendig (das griechische Neue Testament zählt ca. 132.000 Wörter), sondern wenigstens noch neun andere Werke, die *Max Müller* aufzählt, so daß ein Veda-Gelehrter „eine lebendige Veda-Bibliothek" darstellt[224]. Für einen Inder durchaus glaubwürdig klingt die Entstehungsgeschichte des 106.000 Verse zählenden Heldenepos Mahâbhârata. Es war vom Dichter Vyâsa im Lauf von drei Jahren verfaßt worden, aber nur in seinem Gedächtnis. Er teilte es dann seinem Schüler Vaisampanya mit, und dieser trug es bei einem großen Schlangenfest auswendig vor. Von ihm vernahm es Ugrasrava, der es dann wiederum so vortrug, wie er es von Vaisampanya vernommen hatte[225].

Diese Überlieferung, was immer sie wert ist, setzt voraus, daß man unter Umständen auch ein größeres Literaturstück auf einmaliges Hören hin auswendig weiß. Jedenfalls war und ist es zum Teil noch immer so in Irland. Wir haben bereits diesbezüglich das Zeugnis *Delargys* vernommen (s. oben S. 88 f.). Prof. Binchy vom Dublin Institute for Advanced Studies erzählt, wie er einst im Westen Irlands an einem Herdfeuer saß und sich ein gaelisches Gedicht einzuprägen bemühte. Der Besitzer des Hauses, etwa 65–70 Jahre alt und gelähmt, unterbrach ihn: „Ich kenne etwas von diesem Gedicht", und sagte dann etwa zwei Drittel davon wortgerecht auf. Er hatte es, so erzählte er, vor etwa vierzig Jahren gehört. „Wir waren eines Tags draußen (auf dem Meer) fischen. Da erhob sich ein Sturm und wir mußten in die Thioracht rudern (d. h. hinter den Leuchtturmfelsen im Westen). Es waren bereits andere Fischer von Uibh Rathach (vom gegenüberliegenden Ufer) draußen gewesen, die auch hereingerudert waren. Und einer von den Fischern von Uibh Rathach sagte dieses Gedicht auf, und es gefiel mir. So bewog ich ihn, es nochmals aufzusagen." Der Vorgang ist klar. Beim ersten Hören hatte Binchys Freund noch nicht die volle Aufmerksamkeit aufgeboten mit dem Willen, das Gedicht zu behalten. Um das zu erreichen, mußte er es noch einmal hören, diesmal von Anfang an mit der Absicht und vollen Aufmerksamkeit, es sich zu merken. Wie der alte Mann beifügte, hatte er seither das Gedicht nicht mehr gehört, aber einigemale vorgetragen, „aber mein Gedächtnis läßt nach und ich habe viel davon vergessen"[226].

---

[224] *Max Müller*, Essays I. S. 122.

[225] v. *Glasenapp*, Die Literaturen Indiens, S. 92. Zur Struktur des Mahâbhârata *Klaus Mylius*, Geschichte der Literatur im alten Indien (Leipzig 1983), S. 99-131.

[226] *D. A. Binchy*, „The Background of Early Irish Literature", in: Studia Hibernica, Nr. 1, S. 9f.

Es sei hier auf einen andern, etwas abgelegenen Beleg hingewiesen. In „Tausend und eine Nacht“, in einem Werk also, das mehr Volkssage als Literatur ist, liest man (668. Nacht): „Wiederhole mir dieses Gedicht!“ Darauf die Antwort: „Bei dir bedarf es keiner Wiederholung; du hast das Lied auswendig behalten und kennst es genau.“ Und so war es.

Was hier an Liedern gezeigt wurde, ist auch mit langen, sogar sehr langen Prosastücken der Fall; einmaliges Hören genügt nicht selten, um das Gehörte zu behalten. Der Märchenerzähler in Ungarn, sagt *Linda Dégh*, „behält im allgemeinen auch das einmal Gehörte bis zum Ende seines Lebens“[227]. Sean O'Connell (s. oben S. 90) erklärte „Ich brauchte eine Geschichte nur ein einziges Mal zu hören, um sie zu haben und imstande zu sein, sie zu erzählen“[228]. Solches war der Fall gewesen mit einer Geschichte, die er fünfzig Jahre früher gehört hatte, ehe er sie Delargy mitteilte. Ein anderer *shanachie*, O'Suilleabhain von Imlach Mór in Süd-Kerry, sagte, er habe einst einem Erzähler unter dem Küchentisch sitzend zugehört, und obwohl er erst ein junger Knabe war, „gab es kein Wort, das der Erzähler gesagt hatte, das ich am nächsten Morgen nicht auswendig gewußt hätte“. Er hatte aber wohl die heimlich abgelauschte Geschichte nachher sofort für sich aufgesagt, um sie dem Gedächtnis besser einzuprägen[229].

Auch folgende amüsante Geschichte gehört hierher. Ein Geschichtenerzähler namens Lynch auf der Insel Valentia (SW-Irland) lauschte heimlicherweise auf dem Estrich der Geschichte eines andern *shanachie* zu, welcher eifersüchtig darauf bedacht war, daß gerade sein Rivale Lynch diese Geschichte nicht hören sollte. Als sie zu Ende war, sprang Lynch vom Estrich mitten unter die Zuhörer hinab: „Jetzt habe ich deine Geschichte dir zum Trotz“ und begann, die ganze Geschichte zum Beweis dafür aufzusagen; bevor er fertig war, graute der Morgen[230]. Wir glauben jedoch *Delargy* gern, daß nicht jeder Erzähler imstande ist, eine lange Geschichte auf einmaliges Hören hin nach ihrem Aufriß und mit allen ihren Unterteilen im Gedächtnis zu behalten.

Die Gedächtniskraft der Geschichtenerzähler zeigt sich sehr oft darin, daß ihre Erinnerung durch sehr lange Zeit anhält. Das ist sogar meistens der Fall, das einmal Gelernte wird nicht mehr vergessen. So sagen denn die alten

---

[227] *Linda Dégh*, Märchen, S. 168.

[228] *Delargy*, S. 11.

[229] ib. S. 25f.

[230] ib. S. 26.

Überlieferer immer wieder, daß sie dieses oder jenes Stück schon in früher Jugend gelernt und nicht mehr vergessen hätten. Dazu ist allerdings in den meisten Fällen gefordert, daß die Erzähler ihren Stoff bisweilen vortragen. Ich habe von einem Mann gehört, der am Abend eine Erzählung zum besten geben wollte. Er ging am Nachmittag bergwärts, setzte sich vor einen Steinklotz hin und erzählte zuerst diesem seine Geschichte, um sie am Abend bereit zu haben. Ganz ähnlich machte es Sean Carun, ebenfalls ein Erzähler. „Er hatte sich in eine Höhle auf der Anhöhe über seinem Hause begeben, um mit dem Gedächtnis zu ringen und sich Geschichten zurückzurufen, die er vor einigen vierzig Jahren von einem Bewohner der Aran-Inseln (westlich von Galway) gehört, aber unterdessen (mangels an Gelegenheit zum Vortragen) fast vergessen hatte. Schließlich konnte er drei Geschichten vortragen[231]“. Daher die Feststellung *Delargys*: „The tale that is not told dies“ – eine Erzählung, die nicht vorgetragen wird, stirbt[232]. Das ist unzweifelhaft richtig, doch gibt es gelegentlich Ausnahmen von der Regel. Delargy selber nennt eine Mrs. Griffan von Glencar, welche mangels an Übung ihr Irisch beinahe ganz vergessen hatte; aber die Geschichten, die sie in der Jugend von ihrem Großvater auf Irisch gehört hatte, konnte sie noch nach Jahren fehlerlos hersagen[233].

Aus den gemachten Beobachtungen ergibt sich, daß ein Erzähler seinen Stoff, den er einmal oder wiederholt gehört hat, zeit seines Lebens im Gedächtnis behält, so daß er ihn stets für den Vortrag zur Hand hat; aber dafür ist in der Regel erforderlich, daß er ihn von Zeit zu Zeit vortragen kann.

10. Die Zuverlässigkeit der Überlieferung

Wir Kinder der Schriftkultur sehen die Treue des Gedächtnisses doch wohl ausschließlich darin, daß eine Wiedergabe wortgetreu erfolgt, alles andere dünkt uns vag und unzuverlässig. Die vorausgehenden Darlegungen dürften indes gezeigt haben, daß es in der Wiedergabe mündlich überlieferten Stoffes verschiedene Grade der Treue gibt, nicht nur je nach der Stärke des Gedächtnisses, sondern auch je nach dem Stoff und je nach der Einstellung des Tradenten. Nichts wäre willkommener, als eine umfassende Studie über die irische mündliche Tradition unter diesem Gesichtspunkt. Leider steht eine

---

[231] ib. S. 14.

[232] ib. S. 13.

[233] ib. S. 7 f.

solche Studie aus. Alles, was wir tun können, ist dies, daß wir aus dem bisher Gesagten jene Elemente zusammenstellen, welche die Treue des Gedächtnisses beleuchten, unter Beiziehung von einigem weiteren Material, wie es eben zuhanden kam.

Beginnen wir mit der Überlieferung von Inhalten in rhythmischen und gereimten Formen. Im irischen Mittelalter bedienten sich die *filid* solcher Formen, also der Gedichtformen, um ihre wissenschaftlichen Darlegungen Schülern und Fachkollegen mitzuteilen und gleichzeitig vor Änderungen zu schützen. Das Mittel zu diesem Zweck war gut gewählt, und wie wir am Beispiel von Duald Mac Firbis sehen konnten (s. oben S. 64 f.), hat es sich als wirksam erwiesen. Es kam den *filid* darauf an, daß ihre unpoetischen Gedichte wörtlich auswendig gelernt und behalten wurden, der Inhalt vertrug nichts anderes. Gleiches gilt von den Genealogien, weil dies unbedingt erforderlich war für die Rechtshändel der Herren, denen die *filid* dienten.

Anders steht es mit eigentlich poetischen Stücken. Verbinden wir hier Altes und Neues! Als größter religiöser Dichter Irlands gilt Donnchadh Mór O'Daly (gest. 1244). Einige seiner Gesänge sollen vor 100 Jahren noch unter der Landbevölkerung bekannt gewesen und gesungen worden sein[234]. Leider vermag ich nicht zu sagen, wie weit der Text dieser Lieder übereinstimmt mit demjenigen, den die alten Handschriften bieten. Bei der großen Zeitspanne und angesichts der Änderung der Sprache dürfte die Zahl der Umgestaltungen nicht gering sein.

Vom 17. bis zum 19. Jahrhundert blühte trotz aller Unterdrückung die Volkspoesie. Einer der berühmtesten Dichter und Liederkomponisten war der früh erblindete Turlough O'Carolan (1670–1738), fröhlich und verliebt, dem wir ein hübsches Liedchen auf den Whisky verdanken. Seine Melodien und Lieder wurden zunächst nur mündlich weitergetragen; erst im Jahre 1747 wurden seine Melodien und 1827–1830 seine Gedichte zu Papier gebracht. Gleiches war der Fall mit dem gleichfalls blinden, berühmten Barden Anthony Raftery (1784–1835). Einiges wurde aus mündlicher Überlieferung noch zu seinen Lebzeiten (ca. 1830) gesammelt und veröffentlicht. Aber die mündliche Überlieferung fuhr fort, seine Lieder und besonders seine Satiren weiterzugeben, bis an den Anfang des vorigen Jahrhunderts[235]. In diesen und ähnlichen Fällen möchte es schwer halten, den ursprünglichen Wortlaut der

---

[234] *Hull*, I. S. 216 f.

[235] ib. II. S. 231.

Gedichte festzustellen und spätere Umformungen herauszufinden. Jedoch waren jene Personen, welche die poetischen Produkte der beiden großen Barden niederschrieben, wohl davon überzeugt, die originalen Texte vor sich zu haben. Angesichts der irischen Gedächtniskultur, in welcher die Landbevölkerung lebte, ist diese Annahme nicht abwegig; Lieder von einem berühmten Sänger, die dem Volk gefielen, konnten durch einige Jahrzehnte hindurch unverändert weiterleben.

Als Beispiel hiefür sei folgender Fall erwähnt. *W. Sh. Mason* handelt von sog. ossianischen Gedichten, die man ihm in der Grafschaft Derry, also im Norden von Irland vortrug. „Diese poetischen Stücke", sagt er, „sind von urvordenklichen Zeiten nur auf dem Weg mündlicher Überlieferung weitergegeben worden, und es ist nicht bekannt, daß sie hier (im Norden) jemals in schriftlicher Form existiert haben. Ein auffälliger Beleg dafür, wie genau die Tradition diese alten Stücke bewahrt hat, verdient Erwähnung: Zwei der zu Papier gebrachten Gedichte (die von oder für Mason aus dem mündlichen Vortrag niedergeschrieben worden waren), nämlich *Deirdri* und *Tailc*, waren bereits nach Manuskripten aus Südirland veröffentlicht worden in den „Transactions of the Gaelic Society." Dieser Band, welcher sich zufällig im Besitz des Schreibers (d. h. Masons) befand, ermöglichte es, die von der *viva voce* Rezitation erhaltenen Gedichte mit der gedruckten Kopie zu vergleichen. Und so überraschend es klingen mag – sie stimmten Wort für Wort überein, allerdings mit Ausnahme einiger weniger Zeilen in *Deirdri* und vier ganzer Strophen in *Tailc*, welche in der geschriebenen Form offensichtlich verloren gegangen waren, während sie die mündliche Überlieferung bewahrt hatte"[236].

Ob sich analoge Fälle der Gedächtnistreue feststellen lassen, ist nicht bekannt; daß es analoge Fälle gegeben hat, ist nicht zu bezweifeln. Die im erzählten Fall überbrückte Zeitspanne war bedeutend größer als bei der Überlieferung der Bardenlieder, von denen zuvor gesprochen wurde. Was Mason berichtet, bestätigt jedenfalls, daß die mündliche Überlieferung ein Gedicht unversehrt mindestens über Jahrzehnte hinaus weiterzugeben vermag.

Anders ist es für gewöhnlich, wenn Jahrhunderte zwischen der ersten und der letzten Form liegen. *Campbell* verglich die geschriebenen Formen einer ossianischen Ballade über Diarmaid miteinander. Jede dieser Formen war zu verschiedenen Zeiten aus der mündlichen Tradition niedergeschrieben worden. Die älteste Niederschrift steht in der berühmten Handschrift des

---

[236] *Mason*, A Statistical Account, I. S. 317f.

Sir MacGregor, des Dekans von Lismore in Schottland aus den Jahren 1520–1530; die späteren Niederschriften stammen aus den Jahren 1774, 1850 und 1860. Alle Stücke zeigen Unterschiede in der Sprache, in der Zahl und Abfolge der Zeilen und Strophen. Daraus schloß Campbell, daß mündliche Überlieferung nicht wohl imstande sei, ein Gedicht durch drei Jahrhunderte hindurch wortgetreu zu erhalten[237]. Campbells Überlegung, verglichen mit der Beobachtung Masons, läßt vermuten, daß die mündliche Überlieferung unter verschiedenen Voraussetzungen verschiedene Resultate ergibt. Welches diese Voraussetzungen in beiden Fällen waren, entzieht sich unserer Kenntnis.

Auf eins soll am Schluß hingewiesen werden. Wenn sich ein Lied im Volk verbreitet, übernimmt es einer vom andern in völlig unverbindlicher Weise. Wenn dabei Änderungen im Wortlaut vorkommen – sofern sie nicht willkürlich sind –, mag wohl jemand verbessernd darauf hinweisen, aber eine ernsthafte Kontrolle fehlt. Darum fehlt auch jene Anstrengung und Konzentration, welche allein für die Treue des Gedächtnisses bzw. für eine genaue Funktion des Gedächtnisses innerhalb des gewollten Grades bei der Wiedergabe bürgen.

Die mündliche Überlieferung von Prosa hat ihre eigenen Gesetze. Der Geschichtenerzähler bewahrt sich, wie oben gesagt, die Freiheit, die nach Inhalt und Aufbau untadelig vorgetragene Geschichte in seiner individuellen, sozusagen schauspielerischen Art darzubieten. Darum wird seine Produktion himmelweit von der eines ein Lehrgedicht rezitierenden *fili* verschieden sein. Gleiches von beiden zu erwarten wäre unsinnig. Und doch wird auch der *shanachie* gewisse Partien wortwörtlich so, wie er sie gehört hatte, wiedergeben, eingefügte Gedichte, verpflichtende Partien in antiquierter Sprachform, und „runs". Von diesen Teilen abgesehen wäre eine wörtliche Wiedergabe der überkommenen Geschichte der Ruin eines Erzählers. Er schaut auf jeden mit Verachtung herab, der an der Wörtlichkeit seiner Erzählung hängt.

Diese Haltung der Erzähler läßt sich wohl nur erklären unter der Voraussetzung, daß sie selbst jede Erzählung *verbatim*, wie sie sie vernommen haben, ihrem Gedächtnis hätten einprägen und vortragen können. Das ist auch die Überzeugung von Sean O'Sullivan, des Archivars der Folklore Commission in Dublin. Daß gelegentlich wörtliche Wiederholungen von Geschichten vorkommen und daß man darin einen geringeren Grad von erzählerischem Können sieht, darf als Beweis dafür gelten, daß sich die irischen Erzähler, im

---

[237] *Campbell*, IV. S. 130–133.

allgemeinen gesprochen, eine lange Geschichte in Prosa wörtlich dem Gedächtnis einprägen und sie nach Jahren ebenso vortragen könnten, wenn sie wollten.

Daß diese Möglichkeit nicht ausgenützt wurde, wird durch die Tatsache erwiesen, daß es verschiedene Versionen ein und derselben Geschichte gibt. Bis zum J. 1956 hat das Archiv der Irish Folklore Commission an die 43.000 Versionen von etwa 800 verschiedenen internationalen Volkserzählungen in Irland gesammelt, wobei die Irland eigenen Erzählungen nicht mitgerechnet sind[238]. Das bedeutet im Durchschnitt 54 Versionen auf die einzelne Erzählung. Es gibt allerdings Fälle, wo eine Geschichte bis zu 200 Versionen aufweist, während andere nur sehr wenige oder gar keine haben. Unter „Versionen“ sind solche Formen der Erzählung gemeint, die sich in den Motiven oder Episoden oder beiden zugleich unterscheiden.

Die Entstehung der Versionen liegt weithin im Dunkel. Der einzelne Erzähler mit dem Durchschnittsgedächtnis der *shanachies* wird nicht leicht eine neue Version seiner einmal gelernten Geschichten hervorbringen. Er wird, wie früher bemerkt, das Sprachgewand und den Stil seiner jeweiligen Disposition anpassen; wenn er will, wiederholt er eine Erzählung in den gleichen oder fast den gleichen Worten wie zuvor[239]. *Albert Lord* hörte eine Geschichte von Zogić, einem *guslar* oder Balladensänger des Balkans, siebzehn Jahre, nachdem er sie das erste Mal von ihm vernommen hatte. Zogić kam in der Wiederholung seinem früheren Vortrag sehr nahe, obschon nicht Wort für Wort[240]. Von Peig Sayer (s. oben S. 91) gibt es zwei Niederschriften ein und derselben Geschichte, welche im Abstand von zwanzig Jahren gemacht worden sind. „Beide Niederschriften stehen im Archiv der Irish Folklore Commission zur Verfügung und sind Belege für die Veränderungen – wenn solche überhaupt vorhanden sind –, welche die Geschichtenerzählerin in der Wiederholung einer Erzählung nach einigen Jahren macht“[241]. Diese Änderungen scheinen aber weit davon entfernt zu sein, eine neue Version zu bilden.

Anders liegt der Fall, wo *shanachies* mit Bedacht eine Rahmenerzählung durch das Einfügen von fremden Kurzgeschichten zu einer langen Erzählung ausbauen. Davon war bereits die Rede (s. oben S. 87).

---

[238] *O'Sullivan*, S. XXXVI.

[239] *Campbell*, I. S. LVII.

[240] *Lord*, S. 28.

[241] *O'Sullivan*, S. 271.

Daß Versionen entstehen, ist unausbleiblich. Ein altes Sprichwort sagt: „Es gibt sieben Rezensionen zu einer Geschichte und zwölf Versionen zu jedem Lied“[242]. Sie entstehen, wie bemerkt, nicht durch die guten Geschichtenerzähler. Nicht alle Talente sind jedoch gleich, und das menschliche Gedächtnis ist schließlich kein Tonband, sondern unterliegt den Gesetzen der menschlichen Natur und dem Einfluß der Umstände. Man muß auch vor Augen haben, daß es für das Behalten einer Geschichte nicht genügt, sie gehört zu haben; man muß dabei von Anfang an seine ganze Aufmerksamkeit aufbieten mit der Absicht, sich das Gehörte zu merken. Wo diese Voraussetzung nicht ganz zutrifft, wird es zu Verschiedenheiten in der Wiederholung kommen bis zur Bildung neuer Versionen. Dazu kommt, daß das Alter auch vom Gedächtnis mancher *shanachies* seinen Tribut fordert, zumal wenn ihr Interesse an der Wiederholung allmählich schwindet. Dieses Interesse des Erzählers kann sich mindern, die Geschichten können allmählich aus seinem Gedächtnis schwinden, bis er schließlich nicht mehr als Erzähler auftritt und auftreten kann. Auch auf diesem Weg ist die Entstehung von Versionen möglich.

Neben persönlichen Ursachen können aber auch Geschichtsläufe das mündliche Überliefern stören oder ganz unterbinden. So wurde das Dörflein Artas bei Bethlehem in Palästina einige Jahre vor 1830 von Feinden zerstört, viele Einwohner getötet und die übrigen zur Flucht gezwungen. Um das Jahr 1830 begannen die Geflohenen allmählich wieder zurückzukehren, um das dörfliche Leben neu zu beginnen. In den Jahren 1925 bis 1927 sammelte dort eine finnische Folkloristin, *Hilma Granqvist*, alle Informationen, die sie von den Frauen des Dörfleins über die in Artas geschlossenen oder von Einwohnern Artas' anderswo eingegangenen Ehen erhalten konnte. Aus den Aussagen der verschiedenen Personen ergab sich ein geschlossenes Bild aller seit 1830 eingegangenen Ehen. Aber darüber hinaus, also aus der Zeit vor 1830, war auch nicht eine einzige Überlieferung zu erhalten. Das frühere Unglück hatte alle Kenntnisse von früher Geschehenem und alles Interesse daran ausgelöscht[243].

Dieses Beispiel betrifft nicht genau die Art von Überlieferung, wie sie uns beschäftigt, aber hat immerhin analogen Wert. Die Geschichte Irlands seit dem 17. Jh. war alles andere als ruhig und friedlich. Mehr als eine Erschütterung des Volkslebens muß auf die Weiterüberlieferung alten Stoffes hemmend gewirkt

---

[242] *Delargy*, S. 33.

[243] *Hilma Granqvist*, Marriage Conditions in a Palestinian Village, I. (Helsingfors 1931) S. 12–14.

haben. Man denke vor allem an die jungen Leute, die auf dem Wege waren, der älteren Generation von Überlieferern nachzufolgen. Genauere Einblicke sind uns bislang versagt; aber die wiederholten Aufstände, ihre Unterdrückung und die nachfolgenden Repressalien müssen bewirkt haben, daß manch ein *shanachie* aus seiner normalen Bahn geworfen wurde, zumal sich das unmittelbare Interesse der Bevölkerung, ohne vom Alten ganz abzuweichen, doch auch auf neuere lokalgeschichtliche Stoffe übertrug. Auch diese Erfahrnisse des Volkes dürften dazu beigetragen haben, daß es zu manchen abweichenden Versionen von überlieferten Geschichten gekommen ist.

11. Einfluß des Geschriebenen auf die mündliche Überlieferung

Es hat keine Schwierigkeit, bis zu einem gewissen Grad festzustellen, wie weit vor dem 17. Jh. schriftliche Quellen die mündliche Überlieferung beeinflußt haben. Was Cennfaelad und Senchan Torpeist niederschrieben (s. oben S. 37–39), geschah, um das Gedächtnis zu stützen. Torpeists Berufsgenossen sollten sich den geschriebenen Text der *Táin Bó Cuailgne* auswendig merken, daß er nicht mehr verlorengehe. Und so handelten die späteren *filid* des Mittelalters mit ihren gelehrten Erzeugnissen. Es ist kaum zu bezweifeln, daß der Vorgang, den *Campion* um 1571 aus eigener Beobachtung beschreibt – wie die Schüler über ihren Büchern lagen und sie auswendig lernten –, im wesentlichen durch das ganze Mittelalter hindurch in Übung war. Diese hörte erst auf, als mit den *filid* auch deren Schulen und gelehrten mündlichen Überlieferungen verschwanden.

Die Frage ist, wie es damals mit den volkstümlichen Geschichtenerzählern stand. Da sich die Gelehrten jener Zeit nicht mit der Volkskultur abgaben, erfahren wir aus den alten Quellen nichts hierüber. Aber was von den *shanachies* der Neuzeit zu sagen ist, wird wohl auch von ihren Vorgängern gelten.

Mündliche Tradition in der Zeit zwischen dem 17. Jh. und der Neuzeit hat oft das Schrifttum beeinflußt, sooft nämlich etwas aus der mündlichen Tradition schriftlich festgehalten wurde; das Problem ist, ob es eine Beeinflussung im umgekehrten Sinn gegeben hat. *Christiansen* untersuchte die Wanderung von Geschichten aus einem Land ins andere, also auch von einer Sprache in andere Sprachen. Seinen Beobachtungen darf man entnehmen, daß wirklich alte Geschichten nur auf mündlichem Weg zu Völkern anderer Sprachen gelangten. Anders war es mit neuerem Stoff; hier seien gedruckte Werke ursächlich beteiligt gewesen, das „Pentamerone" von Giovanni Battista Basile von Neapel (1575–1632), „Les Contes de ma Mère l'Oye" (1697) von Charles

Perault von Paris (1628–1703) und die „Kinder- und Hausmärchen“ von Jacob und Wilhelm Grimm (1812 und 1814). Diese berühmten Bücher hätten nach Christiansen weithin Einfluß ausgeübt und durch Übersetzungen ihren Weg in manche Länder gefunden[244]. Das sei nicht in Abrede gestellt, aber wie sie die mündliche Überlieferung in fremden Ländern beeinflußt haben – und das ist es, was *Christiansen* meint –, ist schwer einzusehen. Man darf nicht übersehen, daß z. B. die Sammlung der Märchen durch die Brüder Grimm nicht verhinderte, daß die gleichen Märchen weiterhin unabhängig von allem Gedruckten erzählt wurden.

Im Irland des 18. und frühen 19. Jh. gab es unter der Landbevölkerung nur relativ wenig gedruckte Bücher, während die mündliche Tradition in Blüte stand. Gelegentlich gab es billige „chapbooks“ (von *chapman*, „Hausierer“) mit ihrem Inhalt an Geschichten, aber wie viele Landleute waren imstande, sie zu lesen? Andrerseits berichtet *Croker*, daß man in den ersten Dezennien des 19. Jh. in Cork und Kerry irische, moderne Handschriften in fast jedem Dorf habe antreffen können[245]. Das beweist jedoch nicht, daß die Leute der alten Gedächtniskultur sie auch lesen konnten. Manche dieser neueren Handschriften scheinen außerdem den Niederschlag der mündlich vorgetragenen Stoffe zu enthalten. Aber wer hat sie geschrieben und zu welchem Zweck? Doch wohl Personen, welche lesen und schreiben konnten, aber unfähig waren, Gehörtes in ihrem Gedächtnis aufzuspeichern. Daß diese Manuskripte Volkserzählungen enthalten, beweist, daß man solche vorzutragen pflegte, wie z. B. die „Three Sorrows of Story-telling“ (etwa: „Die drei Tragödien der Geschichtenerzählung“), von denen wenigstens eine, „Das Schicksal der Söhne des Ler“, eine neuere Schöpfung zu sein scheint. Das alles beweist jedoch nicht, daß Schriftliches die Quelle des Mündlichen war.

Alan Bruford machte die sehr populäre Erzählung „Eachtra Chonaill Gulbain“ („Abenteuer des Connall Gulban“) zum Gegenstand einer Studie. Von dieser Erzählung sind etwa fünfzig verschiedene Versionen bekannt, wovon 35 durch die Sammler der Irish Folklore Commission vom mündlichen Vortrag aufgenommen worden sind, während die übrigen in wenigstens 45 Handschriften auf uns gekommen sind; die ältesten datieren aus den Jahren 1684, 1691 und 1706. Bruford meint, es habe eine geschriebene Urform gegeben, von welcher die Geschichte in die mündliche Tradition übergegangen sei, etwa so, wie die

---

244 *Christiansen*, S. 22.

245 *Croker*, S. 381.

Schüler der *filid* ihre Texte auswendig lernten. Aber werden hier nicht allzu verschiedene Größen miteinander in eine Linie gestellt? Diese Schüler konnten lesen und schreiben, und was sie lernten, war für wortwörtliches Behalten bestimmt. Welchen Weg nahm die Geschichte von Connall Gulban bis zu den *shanachies*, die weder lesen noch schreiben konnten?

Bruford beruft sich darauf, daß dieselben Eigennamen sich in der schriftlichen und mündlichen Tradition finden. Allein einige davon, wie Conall Gulban und Macaomh Mór, kommen auch sonst nicht selten vor, und Namen, die in einer mündlichen Erzählung gehört werden, können aus jedwedem Grund im Gedächtnis der Zuhörer haften bleiben. Große Unsicherheit besteht auch bezüglich der verschiedenen Motive, welche zu neuen Versionen führten. Bruford gibt zu, es sei nicht auszumachen, daß sie das Resultat darstellen, wenn ein Erzähler ein Manuskript vorlesen hörte, auch nicht, wenn er die Geschichte in einer Form hörte, welche mit der eines Manuskripts große Ähnlichkeit hatte. Wie will er dann erhärten, daß jede Version letztlich davon abhing, daß die Geschichte aus einem Manuskript vorgelesen wurde, sei es vor fünfzig oder hundertundfünfzig Jahren[246]?

Es bleibt nichts anderes übrig, als sich an bewiesene Tatsachen zu halten. Es ist nicht bekannt, daß ein Erzähler je zugegeben hätte, daß er seine Geschichte durch eigenes Lesen einer Schrift gelernt habe. Aber zahllos sind die Bezeugungen, besonders unter der älteren Klasse von *shanachies*, daß sie ihren Stoff durch Hören erworben haben. So ist es praktisch erwiesen, daß kein *shanachie* oder Volkserzähler unmittelbar von schriftlichen Quellen beeinftußt worden ist.

Wohl aber gibt es Fälle, wo diese Beeinflussung eine indirekte war; jemand las eine Geschichte vor, und unter den Zuhörenden befand sich ein Geschichtenerzähler, der sie auf dieses einmalige Hören hin im Gedächtnis behielt und weiter tradierte. Wir denken hier an die „armen Gelehrten" der *Penal Times*, die Männer von einiger Bildung waren. Sie waren mitunter als Schulmeister in Heckenschulen tätig, mußten aber um ihrer persönlichen Sicherheit willen öfters den Aufenthaltsort wechseln. Sie besaßen Handschriften, aus denen sie in den Hütten der kleinen Leute oder vor Abkömmlingen adeliger Familien in entlegenen Landsitzen vorzulesen pflegten. Auf solche Weise konnten geschriebene Erzählungen ihren Weg in die mündliche Tradition finden[247].

---

[246] *Bruford*, „Eachtra Chonaill Gulbain", in: Béaloideas, Vol. XXXI. S. 1–50.

[247] *Delargy*, S. 27.

Darin ist Christiansen zuzustimmen, daß im eigentlichen Sinn religiöse Geschichten der Erzähler auf schriftliche Quellen zurückgehen. Wie mir mündlich mitgeteilt wurde, existiert ein Manuskript, welches die *Vita S. Martini* von Sulpicius Severus enthält mit einer eigenartigen Geschichte über Martin und den Teufel. Im J. 1819 schrieb Michael Og O'Longain diese Geschichte nieder vom Mund eines Geschichtenerzählers in Cork, der keine Ahnung von dieser Vita besaß. Wahrscheinlich trug einmal ein Priester in seiner Predigt die Geschichte vor als Illustration irgend eines Gedankens. Sie gefiel der Zuhörerschaft und kam so in den Schatz der Geschichtenerzähler.

Es sind aber auch Fälle bekannt, wo dieser Übergang klar erkennbar ist. Der bekannte irische Gelehrte *Standish Hayes O'Grady* erzählt: „Der Schreiber (er selbst) hat einem Mann, der nie eine Handschrift besessen und nie von O'Flanagan's Veröffentlichung gehört hat, zugehört, wie er beim Herdfeuer (die Geschichte) vom Tode der Söhne des Uisne vortrug, ohne dabei eine einzige Episode auszulassen, aber großenteil in den Worten der gedruckten Version“[248]. Diese Version hatte jemand vor einer Gruppe von Leuten vorgelesen; einer der Zuhörenden hatte sie wörtlich im Gedächtnis behalten und vor dem Erzähler rezitiert, dem O'Grady später zugehört hat. Nur so läßt sich die frappante Übereinstimmung erklären.

O'Grady sagt auch, daß um 1855 in Munster vierzig Heldenerzählungen in Manuskripten im Umlauf waren, von denen ihm 17 aus Niederschriften mündlicher Wiedergaben bekannt waren. Das beweist jedoch keineswegs, daß sie schriftlichen Quellen entstammten.

Ein anderer Fall wird von *Delargy* berichtet. Sean O'Connell (s. oben S. 90) hatte in seiner Jugend zugehört, als man die Geschichte von der „Verfolgung von Diarmuid und Grainne“ vorlas, welche O'Grady herausgegeben hatte. Etwa 50 Jahre später trug O'Connell die Geschichte Delargy vor, von Anfang bis Seite 92 der Publikation O'Grady's, „beinahe Wort für Wort dieser Ausgabe“, wie sie ihm vorgelesen worden war. Hier haben wir einen klaren Fall vor uns, wie Geschriebenes mittelbar die Quelle für mündliche Tradition geworden ist[249].

Wir haben bereits darauf hingewiesen, daß es einen Unterschied ausmachte, ob der Erzähler eine alte oder eine neuere Geschichte zum besten gab. Die „äußerst konservative Kontinuität, welche der Volkstradition innewohnt“[250],

---

[248] *Standish Hayes O'Grady*, The Pursuit of Diarmuid, S. 29.

[249] *Delargy*, S. 27.

[250] *Christiansen*, S. 5.

bezieht sich nur auf die wirklich alten Stoffe. Diese lassen keine Veränderungen zu, während die neueren, dem *shanachie* und seiner Zuhörerschaft wenigstens nebelhaft als solche bekannt, eher Änderungen unterliegen. Das brachte unzweifelhaft mit sich, daß sich der Erzähler in Bezug auf den alten Stoff als Hüter eines geistigen Schatzes der Vorzeit wußte und deshalb die mündliche Tradition, seine Quelle, hoch über alles Geschriebene stellte. Denn das Alter der mündlichen Tradition hatte für ihn etwas Ehrwürdiges an sich. Daher „the extreme conservative continuity", von welcher *Christiansen* spricht.

Wir stoßen damit auf eine Geisteshaltung, die uns fast unbegreiflich ist. Wir können das am besten durch Beispiele aus dem Orient deutlich machen. In mohammedanischen Ländern gibt es handschriftliche und gedruckte Texte des Korans zu Tausenden. „Und doch kommt es niemals vor, daß ein richtiger Muslim seinen Koran aufschlägt und liest, wenn er eine Stelle zitieren will. Das heilige Buch wird im Kindesalter auswendig gelernt und nur auswendig zitiert"[251].

Ganz auf das Gedächtnis stützt sich die Religion des Zarathustra, wie sie die Parsen seit über zweitausend Jahren bekennen. An sich haben sie kein heiliges Buch. Erst als sie mit den Buchreligionen, besonders der Mohammedaner, zusammenstießen, wurden ihre Religionsbücher zusammengestellt, aber die Hauptsache blieb die mündliche Tradition der Priesterkaste. Der Yasna, das Gebet für ihren Hauptgottesdienst, wird immer noch von Anfang bis Ende rezitiert, zum Teil auf Alt-Iranisch. *Nyberg* beleuchtet die damit verbundene Geisteshaltung durch ein kleines Erlebnis, das sein Freund H. W. Bailey mit einem Parsi-Priester hatte. Bailey hatte diesen um Erklärung einiger Ausdrücke im Yasna gebeten. Der Priester konnte nun zwar den Yasna von Anfang bis zum Ende auswendig rezitieren, aber um die gewünschte Stelle im geschriebenen Yasna zu finden, mußte er zuerst mühsam das erste Wort einer Seite buchstabieren; von dort an rezitierend, fand er dann das gewünschte Wort im Buch[252].

Eine geringe Rolle spielt das geschriebene Wort auch bei den brahmanischen VedaGelehrten in Indien. Schon das Auswendiglernen des Veda aus einer Handschrift oder einer Druckausgabe gilt als „ungebräuchlich". Man lernt den heiligen Text „nur vom Mund eines Guru (geistlichen Lehrers), der ihn von seinem Guru gelernt hat, und so *ad infinitum*. Handschriften

---

[251] *Nyberg*, Iran, S. 10 f.

[252] *Nyberg*, Studien zum Hoseabuch, S. 7 f.; Nyberg, Iran, S. 4–11.

mögen ab und zu benutzt werden. Sollte sich aber je ein ernstlicher Zweifel oder eine Meinungsverschiedenheit bezüglich des genauen Wortlauts einer Stelle ergeben, so würde das in Indien nicht gelöst werden durch Vergleich der Handschriften, sondern durch die Berufung auf ein lebendes Manuskript, d. h. auf die Śrotrya-Brahmanen, die in der richtigen Art und Weise von ihrem Guru unterwiesen worden sind"[253]. *Regamy* behauptet sogar, diese Überlieferungsart habe vor der schriftlichen den Vorzug: „Diese riesige Literatur (der Veda-Werke) wird bis heute von Mund zu Mund überliefert, bewährt sich aber dank dem außerordentlich ausgebildeten Gedächtnis der Inder besser als die schriftlich überlieferten Texte"[254].

Diese Stellung gegenüber dem Schriftlichen bedarf einer Erklärung. Wir betrachten das Aufschreiben als das sicherste, ja einzige Mittel, um etwas nicht zu vergessen bzw. daß das Aufgeschriebene nicht in Vergessenheit gerate. Auch ist das Niedergeschriebene in unsern Augen definitiv und dient als entscheidendes Beweisstück. Bei den Indern, Parsen, Mohammedanern ist es nicht so. Ihre Gelehrtenkasten sind ebenso Träger einer Doppelkultur, wie es die *filid* in Irland waren. Wie in Irland, so hat auch bei ihnen die Gedächtniskultur vor der Schriftkultur den Vorrang. Als Träger der Gedächtniskultur betrachten sie das Geschriebene als etwas außerhalb des Menschen Liegendes, als etwas Unbewegliches und Totes. Nur wenn es vorgetragen und mindestens durch den Tonfall der Rezitation erläutert wird, gewinnt es Leben, d. h. erst dann kommt der Sinn des Geschriebenen wirklich zutage[255]. Demgegenüber stellt das Gelernte einen lebendigen und persönlichen Besitz dar. Dieser ist gelernt, eben darum haftet er im Gedächtnis; andernfalls könnte man gar nicht von Lernen reden. Wenn richtig gelernt, kommt Vergessen nicht in Frage. Mag eine solche Auffassung uns noch so fremd anmuten, so können wir ihr eine gewisse Berechtigung und Großartigkeit nicht absprechen. Jedenfalls tun wir gut, sie vor Augen zu haben, wenn uns historische Gedankengänge mit der Gedächtniskultur in Berührung bringen.

---

[253] *Max Müller*, Essays I. S. 121.

[254] *Constantin Regamy*, Handbuch der Weltgeschichte (hg. v. Alex. Randa) I; (Ölten 1958), II. Teil, Sp. 285.

[255] Vgl. *Nielsen*, Oral Tradition, S. 33 f.

12. Die Gedächtniskraft im Volke

Nachdem wir die Gedächtniskraft der Geschichtenerzähler kennen gelernt haben, bleibt als Letztes ein Blick auf die Gedächtniskraft des irischen Volkes im allgemeinen. Hier allerdings wird es sich empfehlen, wenn wir uns an die Vergangenheit halten, denn das moderne Irland steht fast ausschließlich unter der Einwirkung der Schriftkultur wie die übrigen Nationen. So stellt sich die Frage: Wie stand es mit der Gedächtniskraft des irischen Volkes zur Zeit, als die Gedächtniskultur der *shanachies* in voller Blüte stand?

Wir haben oben von Anne Nica Luain gesprochen, die sich in ihren alten Tagen beklagte: „Alle jungen Leute von heute haben so schlechtes Gedächtnis" (s. oben S. 84). Das war gesagt vom Standpunkt einer erfahrenen Geschichtenerzählerin. Es ist klar, daß sie an ganz andere Verhältnisse gewöhnt war, wo kein Mangel an jungem Volk herrschte, welches ein Gedächtnis hatte, wie es für das mündliche Tradieren nötig war. Zu dieser Zeit muß also das Gedächtnis des Volkes im allgemeinen außerordentlich gut gewesen sein.

Andere Beobachtungen ergeben den gleichen Schluß. *Sean O'Sullivan* wählte aus der reichen Sammlung des Archivs, das er verwaltete, 55 Erzählungen aus, die auf 48 Erzähler zurückgehen[256], lauter Zeitgenossen von Anne Nica Luain. Wie viele insgesamt den Stoff geliefert haben zu den einundeinviertel Millionen Schreibseiten, welche das Archiv beherbergt, vermag ich nicht zu sagen. *Carmichael* zählt in einer langen Liste Tradenten in Schottland auf, denen er den gesammelten Stoff an Folklore, Geschichten und anderes, verdankte[257]. In einigen Gegenden fand er überhaupt keine Überlieferer, während sie in andern sehr zahlreich waren.

Gleiches galt von Irland. Sean O'Connell (s. oben S. 90) bezeugt das für die gleiche Periode, in der Carmichael seine Sammlungen begann, für die sechziger Jahre und die nachfolgenden: „Geschichtenerzähler waren sehr gewöhnlich in der Gegend", aber als er das zu *Delargy* sagte, waren sie fast alle dahingegangen[258]. Aus diesen gelegentlichen Äußerungen läßt sich abnehmen, daß das irische Volk ehemals ein ausgezeichnetes Gedächtnis besessen hat. Nur unter dieser Voraussetzung ist es zu verstehen, daß es Tausende von Erzählern hervorgebracht hat, und daß überdies die Bevölkerung auf dem Land passive

[256] *O'Sullivan*, S. 257–287.

[257] *Carmichael*, S. II. S. 374–381.

[258] *Delargy*, S. 12.

Überlieferer sein konnten, Leute, welche zwar nicht imstande waren, die Geschichten selbst vorzutragen, oder es jedenfalls nicht taten, aber sie doch so gut innehatten, daß sie den *shanachie* korrigieren und ihm, wenn er stecken blieb, weiterhelfen konnten.

Zu Zeiten der alten *filid* müssen die Verhältnisse die gleichen gewesen sein. Die *filid* waren ebenso zahlreich wie später die *shanachies*, und abgesehen etwa von der Zeit des Wikingersturmes war an *filid*-Schülern kein Mangel, sonst hätte nicht jede *filid*-Familie ihre eigene Schule aufgetan.

Analogien aus Indien und China bestätigen, was vom irischen Volk gesagt wurde; in beiden Ländern findet man zahllose Menschen mit unglaublich guten Gedächtnissen. Ein Lehrer an einer modernen Schule in Indien ist es gewöhnt, daß seine Schüler ihr Textbuch Seite um Seite und Wort für Wort hersagen; ihr Gedächtnis hat es mit geringer Mühe sozusagen aufgesogen. Gleiches gilt von Priesterseminarien und Universitäten. Wenn die schriftlich eingereichte Examenarbeit wörtlich mit dem Textbuch, dem Skriptum des Professors oder auch mit seinem Vortrag übereinstimmt, ist der Europäer geneigt, an Betrug zu denken, aber er irrt; denn der indische Student braucht nicht im Geheimen abzuschreiben, sein Gedächtnis macht es überflüssig – womit nicht gesagt sein soll, daß an indischen Schulen Schwindeln unbekannt sei. Zeugnisse über das phänomenale Gedächtnis indischer Schulbuben und Studenten habe ich aus erster Hand erhalten.

Eine hierher gehörige Beobachtung verdanken wir dem bekannten Indologen *Max Müller*. Wo er von der Veda-Gelehrsamkeit handelt, sagt er: „Frauen sind für gewöhnlich nicht voll ausgebildet (wie ein Vedagelehrter). Ich hatte indes einmal eine Dame hier (in England), Rámabhai, die ihrem Gedächtnis eingeprägt hatte, was an Ausmaß so ziemlich unserer Bibel gleichkam. Ihr Vater, offenbar ein aufgeschlossener Mann, hatte ihr erlaubt, bei den Unterrichtsstunden zugegen zu sein, welche ihr Bruder (von seinem Guru) empfing. Auf diese Weise lernte sie alles, was sie später wußte (d. h. indem sie den Worten des Guru lauschte). Als sie bei uns war, bat ich einige meiner Freunde, Universitätsprofessoren, die immer etwas skeptisch sind bezüglich dieser Kraft des Gedächtnisses, zu mir zu kommen und die junge Dame zu prüfen, die damals etwa 22 Jahre alt war. Ich gab ihnen den Rig-Veda, die Bhagavadgîta und andere Bücher. Ich sagte ihnen, sie möchten diese aufschlagen wo sie wollten, einen Text daraus angeben, und sie würde darin fortfahren, bis die Herren müde würden. Und so tat sie, ohne bei einem Wort zu zögern.“ Die Dame kannte wohl von Jugend an Sanskrit, und als Tochter eines Brahmanen war ihr der Vorgang des Lernens durch das Wort des Meisters geläufig. Aber ihr Gedächtnis war nicht schulmäßig trainiert worden wie das eines Veda-Brahmanen; nach indischem Standard gehörte sie bildungsmäßig zum gewöhnlichen Volk[259].

Über das Gedächtnis des chinesischen Volkes unterrichtet uns in etwa folgende Begebenheit, welche der anglikanische Erzdiakon Moule aus Zentralchina in einer öffentlichen Versammlung zu Chelmsford erzählte. Er wurde eines Tages eingeladen, eine Missionsschule zu besuchen. Es war ein Waisenhaus, wo junge Leute im Alter von zwölf Jahren an unterrichtet wurden. Er fand heraus, daß die Kinder die vier Evangelien auswendig wußten, und zwar so, daß sie von jedem Text an, den Moule zitierte, weiterfahren konnten, ob es etwas vom Anfang oder Ende eines Kapitels oder Verses war. Dabei war es kein bloß mechanisches Aufsagen eines unverstandenen Textes, sondern jeder Schüler konnte nach dem Maß des empfangenen Unterrichts den Text erklären. Was diese durch Zufall zusammengekommenen Waisenkinder vermochten, vermochten und vermögen Millionen anderer Chinesen, denn in China herrscht heute noch großenteils die Gedächtniskultur.

Man darf also die Feststellung wagen, daß dort, wo Gedächtniskultur herrscht, die Menschen im allgemeinen, nach den Menschen der Schriftkultur gemessen, ein außerordentlich gutes Gedächtnis ihr eigen nennen. Irland ist hiefür ein gutes Beispiel. Es zeigt unter anderem, daß die Kultur nicht mit dem Beginn der Schrift anfängt, und daß das Gedächtnis im Bereich der Gedächtniskultur nicht einfachhin aus der Reihe der zuverlässigen Geschichtsquellen ausgeschlossen werden darf.

---

[259] *Arthur Wright*, Some New Testament Problems, S. 94–96, wo er auf *Max Müller* verweist, The Christian Commonwealth, 4. Oct. 1894.

Abkürzungen und zitierte Literatur

ALI: Ancient Laws of Ireland, Vols. I–V (Dublin 1865–1901).

Annalen der Vier Meister, siehe *John O'Donovan.*

Annals of Loch Cé, Vols. I–II, siehe *Hennessy.*

Annals of Ulster, Vols. I–III, siehe *Hennessy.*

D'Arbois de Jubainville, Henri, Introduction à l'étude de la littérature céltique (Paris 1883).

Auraicept, siehe *Calder.*

Beça, siehe *Gerber.*

Bergin, Osborne, Irish Bardic Poetry. Dublin 1970.

Bieler, Ludwig, Irland. Wegebereiter des Mittelalters (Olten 1921).

Bieler, Ludwig, The Works of St. Patrick. St. Secundinus' Hymn on St. Patrick, translated and annotated (Ancient Christian Writers 17. London 1953).

Binchy, D. A., The Background of Early Irish Literature. Studia Hibernica I (Dublin 1961).

Binchy, D. A., „Irish Law Tracts Re-edited", I. in: Ériu XVII (1955) S. 72–77.

Binchy, D. A., Corpus Iuris Hibernici. Dublin 1978.

Bruford, Alan, „Eachtra Chonaill Gulbain", in: Béaloideas, Vol. XXXI (1963/5) S. 1–50.

Caerwyn Williams, J.E., The Court Poet in Medieval Ireland. London 1971.

Caithréim Thoirdhealbaigh, siehe *Flower.*

Calder, George, Auraiceptna n-Éces. The Scholar's Primer (Edinburgh 1917).

Campbell, Iain F., Popular Tales of the West Highlands orally collected. With a Translation. Vols. I–IV (Edinburgh 1860–1862).

Campion, Edmund, The Historie of Ireland (1571) in: (*James Ware*), Two Histories of Ireland. The one written by Edmund Campion, the other by Meredith Hanmer (Dublin 1623).

Carmichael, Alexander, Carmina Gadelica. Hymns and Incantations orally collected in the Highlands and Islands of Scotland. I–II. (Edinburgh 1900).

Carney, James, Studies in Irish Literature and History. Dublin 1955.

Christiansen, Reidar Th., Studies in Irish and Scandinavien Folktales (Kopenhagen 1959).

Chronicum Scotorum, siehe *Hennessy.*

CIH, siehe *Binchy, D.A.*

Comyn, David (ed.), Geoffrey Keating, Forus Feasa ar Éirinn. The History of Ireland, with Translation and Notes (Irish Texts Society IV. London 1902).

Corcoran, T., State Policy in Irish Education A. D. 1536 to 1816 (Dublin 1916).

Corkery, Daniel, The Hidden Ireland (Dublin 1925).

The Course of Irish History, ed. *by T. W. Moody* and *F. X. Martin* (Cork 1967).

Croker, T. Crofton, Researches in the South of Ireland (London 1824).

Danby, Herbert, The Mishnah, translated from the Hebrew (Oxford 1964).

Dégh, Linda, Folktales of Hungary. Translated by Judit Halász (London 1965).

Dégh, Linda, Märchen, Erzähler und Erzählgemeinschaft, dargestellt an der ungarischen Volksüberlieferung. Aus dem Ungarischen übersetzt von Johanna Till. (Berlin 1962).

Delargy, J. H., The Gaelic Story-Teller. Sir John Rhys Memorial Lecture. (Proceedings of the British Academy, Vol. XXXI, London 1945).

Dillon, Myles (ed.), Early Irish Society. Dublin 1954.

Dillon, Myles (ed.), Stories from the Accalam. Dublin 1970.

Dillon, Myles (ed.), Lebor na Cert (Irish Texts Society, Vol. XLVI. Dublin 1962).

Dillon, Myles, Early Irish Literature (Chicago 1948).

Dowling, Patrick John, The Hedge Schools (Dublin s. a.).

Fiebig, Paul, Rosch ha-Schana (Die Mischna II. 8, Gießen 1914).

Flower, Robin, The Irish Tradition (Oxford 1947).

Flower, Robin, (Einleitung zu) Caithréim Thoirthealbaigh, ed. by Standish Hayes O'Grady (Irish Texts Society, Vol. XXVI. Dublin 1929).

Gerber, Wolfgang, Beça (Die Mischna II. 7, Berlin 1963).

Glasenapp, Helmut von, Die Literaturen Indiens von ihren Anfängen bis zur Gegenwart, in: Handbuch der Literaturwissenschaften 11 (Potsdam 1929).

Greene, David and *Frank O'Connor*, A Golden Treasury of Irish Poetry A.D. 600 to 1200. London 1967.

Hennessy, William M., Annals of Loch Cé, I–II (London 1871).

Hennessy, William M., Annals of Ulster, I–III (Dublin 1887).

Hennessy, William M., Chronicum Scotorum (London 1866).

Hull, Eleanor, A Textbook of Irish Literature, I–II (Dublin 1906).

Hyde, Douglas, Beside the Fire. A Collection of Irish Gaelic Folklore Stories (London 1880).

Hyde, Douglas, Irish Poetry (Dublin 1903).

Jackson, Kenneth H., The Oldest Irish Tradition: A Window on the Iron Age. Cambridge 1964

Joyce, P. W., Old Celtic Romances. Translated from the Gaelic (London 1879).

Joyce, P.W., A Social History of Ancient Ireland. London 1903.

Keating, siehe *Comyn, David.*

Kenney, James F., The Sources for the Early History of Ireland. An Introduction and Guide. Vol. I. Ecclesiastical (New York 1929).

Knott, Eleanor, Irish Classical Poetry (Dublin 1957).

Larminie, William, West Irish Folk-Tales and Romances, collected and translated (London 1893).

Lecky, William Edward Hartpole, A History of Ireland in the Eighteenth Century. New Edition, Vol. I (London 1892).

Liber Hymnorum. The Irish Liber Hymnorum, edited from the MSS with Translations, Notes and Glossary by *J. H. Bernard and R. Atkinson*. I–II. (Henry Bradshaw Society, Vols. XIII, XIV. London 1898).

Lord, Albert, The Singer of Tales (Cambridge, Mass. 1960).

Mac Cana, Proinsias, The Learned Tales of Medieval Ireland. Dublin 1980.

MacDonagh, Thomas, Literature in Ireland. Studies Irish and Anglo-Irish (Dublin 1916).

Mac Firbis, siehe Tracts.

MacNeill, Eoin, Celtic Ireland (Dublin/London 1921).

MacNeill, Eoin, „A Pioneer of Nations“ in: Studies XI (1922) S. 12–28, 435–446.

Mallory, James (ed.), Aspects of the Táin. Belfast 1992.

Manitius, Max, Geschichte der Lateinischen Literatur des Mittelalters, I. (München 1911).

Martin, M(artin), A Description of the Western Islands of Scotland. 2nd ed. (London 1716. 1st ed. 1703).

Mason, William Shaw, A Statistical Account, or Parochial Survey of Ireland, I (Dublin 1814).

Mayer, Günther, Para (Die Mischna VI. 4, Berlin 1924).

McCone, Kim, Pagan Past and Christian Present in Early Irish Literature. Maynooth 1990.

McManus, Damian, A Guide to Ogam. Maynooth 1991.

Meid, W., Die Romanze von Froech und Findabair. *Táin Bó Froích.* Altirischer Text mit Einleitung, deutscher Übersetzung, ausführlichem philologischlinguistischem Kommentar und Glossar kritisch herausgegeben. Innsbruck 1970.

Meid, W., Dichter und Dichtkunst im alten Irland. Innsbruck 1971.

Meid, W., Dichtkunst, Rechtspflege und Medizin im alten Irland. Zur Struktur der altirischen Gesellschaft. In: Antiquitates Indogermanicae. Gedenkschrift für H. Güntert zur 25. Wiederkehr seines Todestages. Innsbruck 1974. S. 21-34.

Meid, W., Zur Etymologie des Wortes für „Mensch" im Irischen. In: Studies in Greek, Italic, and Indo-European Linguistics Offered to Leonard R. Palmer on the Occasion of his Seventieth Birthday. Innsbruck 1976. S. 173-179.

Meid, W., Dichter und Dichtkunst in indogermanischer Zeit. Einige allgemeine Gedanken zum Problem der indogermanischen Dichtersprache und der sprachlichen Tradition überhaupt. Innsbruck 1978.

Meid, W., Die keltischen Sprachen und Literaturen. In: Propyläen Geschichte der Literatur. Zweiter Band. Berlin 1982. S. 263-279.

Meid, W., Bemerkungen zur keltischen Ethnographie des Poseidonios aus der Sicht der inselkeltischen Überlieferung. In: Festschrift für R. Muth zum 65. Geburtstag. Innsbruck 1983. S. 237-250.

Meid, W., Die irische Literatur des 7. bis 12. Jahrhunderts. In: Neues Handbuch der Literaturwissenschaft, Band 6: Europäisches Frühmittelalter. Wiesbaden 1985, S. 125-150.

Meid, W., Englisch und sein britischer Hintergrund. In: Historical English. Innsbruck 1988, 63-82.

Meid, W., Zur sprachlichen Form altirischer Texte, hauptsächlich am Beispiel der LU-Táin. In: Early Irish Literature – Media and Communication / Mündlichkeit und Schriftlichkeit in der frühen irischen Literatur. Tübingen 1989. S. 185-199.

Meid, W., The Indo-Europeanization of Old European Concepts. Journal of Indo-European Studies 17 (1989) 297-307.

Meid, W., Formen dichterischer Sprache im Keltischen und Germanischen. Innsbruck 1990 (darin: Dichter und Dichtkunst im alten Irland, S. 11-25; Die Dichtung der irischen Frühzeit im Übergang zur Schriftkultur, S. 25-36).

Meid, W., Sprachstruktur und metrische Form. In: Metrik und Medienwechsel. Tübingen 1991. S. 13-22.

Meid, W., Aspekte der germanischen und keltischen Religion im Zeugnis der Sprache. Innsbruck 1991.

Meid, W., Gaulish Inscriptions. Their interpretation in the light of archaeological evidence and their value as a source of linguistic and sociological information. Budapest 1992.

Meid, W., Ethnos und Sprache. In: Perspectives on Indo-European Language, Culture and Religion. Studies in Honor of Edgar C. Polomé. Journal of Indo-European Studies, Monograph No. 7 & 9. 1992. Vol. I, S. 244-253.

Meid, W., Überlieferung und sprachhistorische Schichtung der *Táin*. In: Studien zur Táin Bó Cuailnge. Tübingen 1993. S. 22-28.

Meid, W., Heilpflanzen und Heilsprüche. Zeugnisse gallischer Sprache bei Marcellus von Bordeaux. Innsbruck 1996.

Meid, W., Der mythologische Hintergrund der irischen Sage. In: Varia on the Indo-European Past. Papers in Memory of Marija Gimbutas. Journal of Indo-European Studies Monograph Number 19. Washington, D. C. 1997. pp. 247-257.

Meid, W., Die keltischen Sprachen und Literaturen. Ein Überblick. Innsbruck 1977.

Meid, W., Zum Ruhm des Namens im Altirischen. In: Mír Curad. Studies in Honor of Calvert Watkins. Innsbruck 1998. S. 477-481.

Meid, W., Zur gemeinkeltischen Bezeichnung der Mistel als „allheilend". In: Wort – Text – Sprache und Kultur. Festschrift für Hans Schmeja zum 65. Geburtstag . Innsbruck 1998. S. 113-117.

Meid, W. (mit *U. Roider*), Die keltischen Sprachen. In: Sprachen in Europa. Sprachsituation und Sprachpolitik in europäischen Ländern. Innsbruck 1999. S. 209-250.

Meid, W., 'Freundschaft' und 'Liebe' in keltischen Sprachen. In: Donum grammaticum. Studies in Latin and Celtic Linguistics in Honour of Hannah Rosén. Leuven 2002. S. 255-263.

Meyer, Kuno (ed.), Cath Fintrága, or The Battle of Ventry. Anecdota Oxonensia. Medieval and Modern Series, Vol. I, Part IV. Oxford 1885).

Meyer, Kuno, Die einzelnen Keltischen Literaturen. A. Die irisch-gaelische Literatur, in: Die Kultur der Gegenwart, hg. v. Paul Hinneberg, Teil I, Abt. XI/1 (1909).

Meyer, Kuno, The Triads of Ireland (Todd Lecture Series, Vol. XIII. Dublin 1906).

Meyer, Kuno, Eine irische Version der Alexandersage (Dissertation, Leipzig 1884).

MGH: Monumenta Germaniae Historica.

Mishnah, siehe *Danby*.

Müller, F. Max, Last Essays. First Series. Essays an Language, Folklore, and other Subjects (Collected Works XVII. London 1901).

Müller, F. Max, Selected Essays, Vol. II (London 1881).

Murphy, Gerald, Saga and Myth in Ancient Ireland. Dublin 1961.

Musil, Alois, Arabia Petraea, Vol. I–III (Wien 1907–1908).

Musil, Alois, The Manners and Customs of the Rwala Bedouins (New York 1928).

Nielsen, Eduard, Oral Tradition (Studies in Biblical Theology, Nr. 11. London 1954).

Nyberg, N. S., Die Religionen des Alten Iran. Deutsch v. H. H. Schaeder (Mitteilungen der Vorderasiatisch-Ägyptischen Gesellschaft, 43. Bd. Leipzig 1938).

Nyberg, N. S., Studien zum Hoseabuch (Uppsala Universitets Årsskrift 1935–1936. Uppsala 1939).

Ó Cuív, Brian (ed.), Seven Centuries of Irish Learning. 1000–1700. Dublin 1961.

O'Curry, Eugen, Lectures on the Manuscript Materials of Ancient Irish History (Dublin 1861).

O'Donovan, John, Annals of the Kingdom of Ireland by the Four Masters (Michael O'Clery, Cucogry O'Clery, Cucogry O'Duigenan, and Ferfesa O'Mulconry) (hg. und übers. von) John O'Donovan. Vol. I–VII (Dublin 1851).

O'Donovan, John, Leabhar na g-Ceart, or The Book of Rights, ed. with Translation and Notes (Dublin 1847).

O'Donovan, John, The Topographical Poems of John O'Dubhagain and Giolla Na Naomh O'Huidhrin (The Irish Archaeological and Celtic Society. Dublin 1862).

Oengus, Martyrology, siehe *Stokes*.

O'Grady, Standish Hayes, The Pursuit after Diarmuid O'Duibhne, and Grainne, the Daughter of Cormac Mac Airt, King of Ireland in the Third Century (Transactions of the Ossianic Society for the Year 1855. Vol. III (Dublin 1857).

O'Sullivan, Sean, Folktales of Ireland, ed. and translated (London 1966).

O'Rahilly, Cecily (ed.), Táin Bó Cúailnge from the Book of Leinster. Dublin 1967.

O'Rahilly, Cecily (ed.), Táin Bó Cúailnge. Recension I. Dublin 1976.

Para, siehe *Mayer*.

Quiggin, Edmund Crosby, „Celtic Languages and Literature“, in: Encyclopaedia Britannica. 11. Edition (Cambridge 1910–1911) Vol. V, S. 622–634.

Rosch ha-Schana, siehe *Fiebig*.

Rees, Alwyn D., Modern Evaluations of Celtic Narrative Traditions. In: H. Lewis (ed.), Proceedings of the Second Internat. Congress of Celtic Studies, Cardiff 1966. S. 31-61.

Rees, Alwyn and *Brinley*, Celtic Heritage. Ancient Tradition in Ireland and Wales. London 1961.

Richter, Michael, The Formation of the Medieval West: Studies in the Oral Culture of the Barbarians. Blackrock 1994.

Ryan, John, S. J., Irish Monasticism. Origins and Early Development. (Dublin/ Cork 1931).

Ryan, John, S. J., (I) Ireland. From the Earliest Times to A. D. 800 (Dublin s. a.).

Ryan, John, S. J. (II) Ireland. From A. D. 800 to A. D. 1600 (Dublin s. a.).

Schaup, Susanne (Übers.), Der Rinderraub. München 1976.

Scottish Gaelic Studies, Vol. III. (Oxford 1931).

Stokes, Whitley, The Martyrology of Oengus the Culdee. Critically edited from the Manuscripts, with a Preface, Translation, Notes and Indices (Henry Bradshaw Society, Vol. XXIX. London 1905).

Stories from the Táin. Dublin 1946 (laufend nachgedruckt).

Thesaurus Palaeohibernicus. A Collection of Old-Irish Glosses, Scholia, Prose and Verse. Vols. I–IL, ed. *Whitley Stokes* and *John Strachan* (Cambridge 1901. 1903).

Thompson, Stith, The Folktale (New York 1946).

Thurneysen, Rudolf, Die irische Helden- und Königsage bis zum siebzehnten Jahrhundert. Teil I (Halle a/S. 1921).

Thurneysen, Rudolf, „Aus dem irischen Recht“ IV, in: ZCP XVI (1927) S. 167–230.

Thurneysen, Rudolf, Mittelirische Verslehren (Irische Texte, hg. von *Whitley Stokes* und *E. Windisch*. III/1. Leipzig 1891).

Thurneysen, Rudolf, Zu irischen Handschriften und Literaturdenkmälern (SA Göttingen, Phil.-Hist. Klasse, N. F. Bd. XIV/2. Berlin 1912).

Tierney, J.J., The Celtic Ethnography of Posidonius. Dublin 1960.

Tracts, Genealogical I. ed. *O'Raithbeartaigh* (Dublin 1932).

Tranter, Stephen N. and *Hildegard L.C.* Tristram (eds.), Early Irish Literature – Media and Communication. Tübingen 1989.

Tristram, Hildegard L.C. (Hrsg.), Medialitäten und mittelalterliche irische Literatur. Tübingen 1992.

Tristram, Hildegard L.C. (Hrsg.), Studien zur Táin Bó Cuailnge. Tübingen 1993.

Vitae Sanctorum Hiberniae ex Codice olim Salmanticensi nunc Bruxellensi, ed. *W. W. Heist* (Bruxelles 1965).

Walsh, Paul, Irish Men of Learning (Dublin 1947).

Windisch, Ernst, Die altirische Heldensage Táin Bó Cuailnge, nach dem Buch von Leinster in Text und Übersetzung herausgegeben (Leipzig 1905).

Wright, Arthur, Some New Testament Problems (London 1898).

ZCP: Zeitschrift für Celtische Philologie.

Zimmer, Heinrich, Die keltischen Literaturen. 1. Sprache und Literatur der Kelten im allgemeinen, in: Die Kultur der Gegenwart, hg. v. *Paul Hinneberg*, Teil I, Abt. XI/1, 1909) S. 1–77.

ARCHAEOLINGUA

Hauptreihe

1. **Cultural and Landscape Changes in South-East Hungary. I: Reports on the Gyomaendrőd Project.** Edited by Sándor Bökönyi. 1992. 384 pp., with numerous maps, diagrams and illustrations. € 72.-. ISBN 963 7391 60 6.
2. Stefan Schumacher: **Die rätischen Inschriften. Geschichte und heutiger Stand der Forschung.** 1992. 292 pp. € 51.-. ISBN 963 7391 61 4. Out of print.
3. **Onomasticon Provinciarum Europae Latinarum.** Herausgegeben von Barnabás Lőrincz und Ferenc Redő. Vol. I. 1994. XIV, 364 pp., mit Karten und Abbildungen. € 66.-. ISBN 963 8046 01 5 Ö. ISBN 963 8046 02 3 K.
4. **Die Indogermanen und das Pferd. Akten des Internationalen interdisziplinären Kolloquiums, Freie Universität Berlin, 1.-3. Juli 1992.** Bernfried Schlerath zum 70. Geburtstag gewidmet. Herausgegeben von Bernhard Hänsel und Stefan Zimmer. 1994. 272 pp., mit zahlreichen Abbildungen. € 72.-. ISBN 963 8046 03 1.
5. **Cultural and Landscape Changes in South-East Hungary. II.** Edited by Sándor Bökönyi. 1996. 453 pp., with numerous maps, diagrams and illustrations. € 72.-. ISBN 963 8046 04 X.
6. Garrett S. Olmsted: **The Gods of the Celts and the Indo-Europeans.** 1994. XVI, 493 pp., € 97.-. ISBN 963 8046 07 4.
7. **Die Osthallstattkultur. Akten des Internationalen Symposiums, Sopron, 10. – 14. Mai 1994.** Herausgegeben von Erzsébet Jerem und Andreas Lippert. 1996. 588 pp., mit zahlreichen Abbildungen. € 102.-. ISBN 963 8046 10 4.
8. **Man and the Animal World. Studies in Archaeozoology, Archaeology, Anthropology and Palaeolinguistics in memoriam Sándor Bökönyi.** Edited by Peter Anreiter, László Bartosiewicz, Erzsébet Jerem and Wolfgang Meid. 1998. 720 pp., with numerous maps, diagrams and illustrations. € 133.-. ISBN 963 8046 15 5.
9. **Archaeology of the Bronze and Iron Age – Environmental Archaeology, Experimental Archaeology, Archaeological Parks. Proceedings of the International Archaeological Conference, Százhalombatta, 3–7 October, 1996.** Edited by Erzsébet Jerem and Ildikó Poroszlai. 1999. 488 pp., with numerous illustrations. € 92.-. ISBN 963 8046 25 2.
10. **Studia Celtica et Indogermanica.** Festschrift für Wolfgang Meid. Herausgegeben von Peter Anreiter und Erzsébet Jerem. 1999. 572 pp., € 123.-. ISBN 963 8046 28 7.
11. **From the Mesolithic to the Neolithic. Proceedings of the International Archaeological Conference held in the Damjanich Museum of Szolnok, September 22–27,**

1996. Edited by Róbert Kertész and János Makkay. 2001. 461 pp., with numerous maps and illustrations. € 100.-. ISBN 963 8046 35 X.

12. Garrett Olmsted: **Celtic Art in Transition during the First Century BC. An Examination of the Creations of Mint Masters and Metal Smiths, and an Analysis of Stylistic Development during the Phase between La Tène and Provincial Roman.** 2001. 342 pp., with 142 plates. € 84.-. ISBN 963 8046 37 6.

13. **The Archaeology of Cult and Religion.** Edited by Peter F. Biehl and François Bertemes with Harald Meller. 2001. 288 pp., with numerous illustrations. € 76.-. ISBN 963 8046 38 4.

14. Gerhard Tomedi: **Das hallstattzeitliche Gräberfeld von Frög. Die Altgrabungen von 1883 bis 1892**. 2002. 708 S., mit 118 Karten, € 120.- ISBN 963 8046 42 2

Series Minor

1. Wolfgang Meid: **Gaulish Inscriptions. Their interpretation in the light of archaeological evidence and their value as a source of linguistic and sociological information.** 1992. Second, revised ed. 1994. 58 pp., with illustrations. € 18,50. ISBN 963 8046 06 6.

2. Winfred P. Lehmann: **Die gegenwärtige Richtung der indogermanistischen Forschung.** 1992. 89 pp. € 18,50. ISBN 963 7391 63 0. Out of print.

3. Sándor Bökönyi: **Pferdedomestikation, Haustierhaltung und Ernährung. Archäozoologische Beiträge zu historisch-ethnologischen Problemen.** 1993. 61 pp., mit Abbildungen. € 18,50. ISBN 963 7391 65 7.

4. Ferenc Gyulai: **Environment and Agriculture in Bronze Age Hungary.** 1993. 59 pp., with illustrations and diagrams. € 18,50. ISBN 963 7391 66 5.

5. Wolfgang Meid: **Celtiberian Inscriptions.** 1994. 62 pp., with illustrations. € 20,50. ISBN 963 8046 08 2

6. Marija Gimbutas: **Das Ende Alteuropas. Der Einfall von Steppennomaden aus Südrußland und die Indogermanisierung Mitteleuropas.** 1994. 2. Aufl. 2000. 135 pp., mit zahlreichen Abbildungen. € 31.-. ISBN 963 8046 09 0.

7. Eszter Bánffy: **Cult Objects of the Neolithic Lengyel Culture. Connections and Interpretation.** 1997. 131 pp., with illustrations. € 26.-. ISBN 963 8046 16 3.

8. Wolfgang Meid: **Die keltischen Sprachen und Literaturen. Ein Überblick.** 1997. 83 pp., mit Illustrationen. € 20,50. ISBN 963 8046 17 1.

9. Peter Anreiter: **Breonen, Genaunen und Fokunaten. Vorrömisches Namengut in den Tiroler Alpen.** 1997. 173 pp., mit Farbabbildungen. € 31.-. ISBN 963 8046 18 X.

10. Nándor Kalicz: **Figürliche Kunst und bemalte Keramik aus dem Neolithikum Westungarns.** 1998. 156 pp., mit zahlreichen Abbildungen. € 31.-. ISBN 963 8046 19 8.

11. **Transhumant Pastoralism in Southern Europe. Recent Perspectives from Archaeology, History and Ethnology**. Edited by H. J. Greenfield and L. Bartosiewicz. 1999. 245 pp., with illustrations. € 36.-. ISBN 963-8046-11-2.

12. Francisco Marco Simón: **Die Religion im keltischen Hispanien**. 1998. 168 pp., mit Abbildungen. € 31.-. ISBN 963 8046 24 4.

13. Peter Raulwing: **Horses, Chariots and Indo-Europeans. Problems of Chariotry Research from the Viewpoint of Indo-European Linguistics.** 2000. 210 pp., with numerous illustrations. € 35.-. ISBN 963 8046 26 0.

14. John Chapman: **Tension at Funerals – Micro-Tradition Analysis in Later Hungarian Prehistory.** 2000. 184 pp., with illustrations. € 31.-. ISBN 963 8046 29 5.

15. Eszter Bánffy: **A Unique Prehistoric Figurine of the Near East**. 2001. 106 pp., with illustrations. € 24,50. ISBN 963 8046 36 8.

16. Peter Anreiter: **Die vorrömischen Namen Pannoniens.** 2001. 316 pp., € 36.-. ISBN 963 8046 39 2.

Studien zur Eisenzeit im Ostalpenraum

1. **Die Kelten in den Alpen und an der Donau. Akten des Internationalen Symposions St. Pölten, 14.–18. Oktober 1992.** Herausgegeben von Erzsébet Jerem, Alexandra Krenn-Leeb, Johannes-Wolfgang Neugebauer und Otto H. Urban. 1996. 462 pp., mit zahlreichen Abbildungen. € 67.-. ISBN 963 8046 21 X.

Itinerarium Hungaricum

1. **Pannonia Hungarica Antiqua I.** 1998. 122 S., archäologischer Reiseführer, mit zahlreichen Illustrationen. € 20,50. ISBN 963 8046 112.

Praehistoria

1. **Praehistoria. International prehistory journal of the University of Miskolc.** Edited by Árpád Ringer, Zsolt Mester and Erzsébet Jerem. **Volume 1, 2000.** 188 pp., € 40.-. **Volume 2, 2001.** 201 pp., € 34.-. HU ISSN 1586 7811.

Bestellungen werden erbeten an:

ARCHAEOLINGUA

H-1250 Budapest, Pf. 41.

Fax: (+361) 3758939

e-mail: kovacsr@archaeolingua.hu http://www.archaeolingua.hu/

INNSBRUCKER BEITRÄGE ZUR SPRACHWISSENSCHAFT

Keltologische Publikationen

Joseph F. Eska: **Towards an Interpretation of the Hispano-Celtic Inscription of Botorrita.** 1989. XII, 213 S. € 32.00. ISBN 3-85124-604-7. [Bd. 59]

Henry Lewis: **Die kymrische Sprache. Grundzüge ihrer geschichtlichen Entwicklung.** Deutsche Bearbeitung von W. Meid. 1989. 156 S. € 24.00. ISBN 3-85124-602-0. [Bd. 57]

Henry Lewis: **Handbuch des Mittelkornischen.** Deutsche Bearbeitung von St. Zimmer. 1990. XIV, 132 S. € 24.00. ISBN 3-85124-607-1. [Bd. 61]

Henry Lewis – J.R.F. Piette: **Handbuch des Mittelbretonischen**. Deutsche Bearbeitung von W. Meid. 1990. XII, 120 S. €. 24.00. ISBN 3-85124-608-X. [Bd. 62]

Kim McCone: **The Indo-European Origins of the Old Irish Nasal Presents, Subjunctives and Futures.** 1991. 210 S. € 40.00. ISBN 3-85124-617-9. [Bd. 66]

Wolfgang Meid: **Zur Lesung und Deutung gallischer Inschriften**. 1989. 47 S., 10 Abb. € 14.00. ISBN 3-85124-596-2. [V 40]

Wolfgang Meid: **Aspekte der keltischen und germanischen Religion im Zeugnis der Sprache**. 1991. 50 S. € 12.00. ISBN 3-85124-621-7. [V 52]

Wolfgang Meid: **Die erste Botorrita-Inschrift. Interpretation eines keltiberischen Sprachdenkmals.** 1993. 132 S., € 24.00. ISBN 3-85124-639-X. [Bd. 76]

Wolfgang Meid: **Heilpflanzen und Heilsprüche. Zeugnisse gallischer Sprache bei Marcellus von Bordeaux.** 1996. 63 S. € 12.00. ISBN 3-85124-655-1. [V 63]

Wolfgang Meid: **Kleinere keltiberische Sprachdenkmäler.** 1996. 61 S., mit Abbild. € 12.00. ISBN 3-85124-656-X. [V 64]

Karl Horst Schmidt: **Celtic: A Western Indo-European Language?** 1996. 26 S. € 8.00. ISBN 3-85124-663-2. [V 66]

Stefan Schumacher: **Die keltischen Primärverben. Ein vergleichendes, etymologisches und morphologisches Lexikon**. 2003. CLVII, 587 S. ca. € 112.00. ISBN 3-85124-***-*. [Bd. ***] *In Vorbereitung*

Hildegard L. C. Tristram: **Tense and Time in Early Irish Narrative.** 1982. 37 S. € 10.00. ISBN 3-85124-572-5. [V 32]

Francisco Villar: **A New Interpretation of Celtiberian Grammar**. 37 S. € 12.00. ISBN 3-85124-654-3. [V 62]

T. Arwyn Watkins: **Kurze Beschreibung des Kymrischen**. 1992. 117 S. € 18.00. ISBN 3-85124-628-4. [Bd. 71]

Bestellungen werden erbeten an:

INNSBRUCKER BEITRÄGE ZUR SPRACHWISSENSCHAFT

A-6020 Innsbruck, Elisabethstraße 11
Telefon und Telefax: (+43-512) 561945